Richard C. Schneider

Wer hat Schuld? Wer hat Recht?

D1678237

Richard C. Schneider

Wer hat Schuld? Wer hat Recht?

**Was man über den Nahostkonflikt
wissen muss**

Ullstein

Ullstein Buchverlage GmbH, Berlin 2007

ISBN 978-3-550-07638-1
Alle Rechte vorbehalten
Karten: Peter Palm, Berlin
Gesetzt aus der Janson bei LVD GmbH
Druck und Bindung: CPI books, Leck
Printed in Germany

Für Timna Brauer

Inhalt

Einführung

Es ist in Europa, in Deutschland zumal, äußerst beliebt, Politik mit moralischen Kategorien zu beurteilen. Das mag denen, die dies tun, vielleicht ein erhebendes Gefühl bescheren, Einsicht und Verständnis wird diese Haltung mit Sicherheit nicht bringen. Denn um welche Moral soll es sich denn bei der Beurteilung von Politik handeln? Den Blick möglichst oft auf Israel und die palästinensischen Gebiete werfen, über die Lage dort ein genaues Urteil abgeben (ohne jemals dort gewesen zu sein), aber über Darfur oder Tschetschenien, über Tibet oder Kaschmir, über viele andere Krisengebiete mehr oder weniger hinwegsehen, weil sie nicht so im Focus des eigenen Interesses stehen? Deutsche Moral – und nur über sie möchte ich hier schreiben, denn das Buch richtet sich an den deutschen Leser – deutsche Moral ist ebenso interessengelenkt wie die Politik Israels oder die Politik der Palästinenser, wie das Handeln Teherans, wie das der USA und natürlich auch der Deutschen und der EU.

Wenn wir in Zahlen denken: Allein die Millionen von Menschen, die durch Verfolgung und Vertreibung auf dem afrikanischen Kontinent in den letzten zehn Jahren sterben mussten, hätten in Deutschland einen einzigen, endlos langen Schrei der Empörung provozieren müssen. Doch nichts dergleichen ist geschehen. Weil die deutschen Interessen in Afrika weitaus geringer sind als im Nahen Osten. Sowohl wirtschaftlich als auch historisch. Insofern ist Moral ein denkbar schlechter Ratgeber, wenn man die Gemengelage eines Konflikts begreifen will.

Das alles heißt natürlich nicht, dass man in der internationalen Politik Demokratie und Menschenrechte als oberste Priorität nicht hochhalten und verfolgen sollte, um das Zusammenleben der Völker langfristig so gut wie möglich, so sicher wie möglich zu gestalten. Doch es muss der westlichen Welt auch klar sein, dass das, was uns heilig ist, anderen noch lange nicht heilig sein muss. George W. Bushs »Demokratisierungsversuche« des Nahen Ostens haben dies in den letzten Jahren allzu deutlich bewiesen. Neben knallharten wirtschaftlichen Interessen spielte die »Moral« natürlich auch eine Rolle in der politischen Zielsetzung der »Neocons« in Washington. Das Ergebnis, das gescheiterte Ergebnis, sehen wir Tag für Tag in den Nachrichten.

Wer hat Schuld? Wer hat Recht? Diese Fragen sind in Deutschland historisch belastete Fragen, wenn es um den Nahen Osten, besonders wenn es um Israel geht. Denn der Blick auf die Situation, die Einschätzung der Lage vor allem im Hinblick auf den palästinensisch-israelischen Konflikt ist häufig überlagert von einer unbewussten inneren Auseinandersetzung mit der eigenen schuldbeladenen Vergangenheit. Insofern kann man in öffentlichen Diskussionen zur Nahostproblematik mehr über die Befindlichkeit der Deutschen erfahren, mehr über den Umgang mit dem Nationalsozialismus als über die Situation in Israel, in den palästinensischen Gebieten und im Rest des Nahen Ostens.

Wer hat Schuld? Wer hat Recht? Diese Fragen werden dem Journalisten, der aus dem Nahen Osten berichtet, häufig gestellt. Sind sie ehrlich gemeint, also mit wirklichem Interesse, was denn nun eigentlich in dieser gewalttätigen Region los ist, dann steckt dahinter natürlich auch eine tiefe Ratlosigkeit, mangelndes Wissen angesichts der Komplexität der Probleme, die hier vorherrschen. Mit diesem Buch möchte ich daher versuchen, dem Leser einen Überblick über die Lage im Nahen Osten zu verschaffen, damit er sich ein Bild machen und die Frage, wer Schuld oder Recht hat, selbst beantworten kann – wenn er denn danach noch das Bedürfnis hat, dies zu tun. Ich möchte Basiswissen vermitteln, damit man den Nahostkonflikt im Ansatz verstehen kann. Um die verschiedenen Konflikte, von denen der israelisch-arabische nur ein Teil ist, zu begreifen, die Verbindungen zwischen den Konfliktpartnern, die Verflechtungen und schließlich und endlich auch die Komplexität der Konflikte, die mit moralischen Mitteln letztendlich nicht zu lösen sind.

Seit über zwanzig Jahren beschäftige ich mich als Journalist mit dem Nahen Osten, berichte vor allem aus Israel und den palästinensischen Gebieten. Seit September 2006 bin ich als Studioleiter und Korrespondent der ARD permanent vor Ort, lebe den Alltag der Menschen hier mit und komme nur noch im Urlaub heraus aus der Region.

Mein Blick auf den Nahostkonflikt ist daher von Israel aus bestimmt, aber gewiss kein »israelischer Blick«. Ich lebe nun einmal in Tel Aviv und nicht in Kairo oder Teheran oder Ryad. Natürlich würde die Sicht der Dinge von dort aus andere Schwerpunkte entwickeln, doch es gibt einen wesentlichen Unterschied, ob man nun in Tel Aviv oder in einer arabischen oder iranischen Stadt lebt. Nur Tel Aviv, oder umfassender: nur Israel sieht sich im Nahen Osten in seiner Existenz bedroht. Die jüngsten Drohungen des iranischen Präsidenten in diese Richtung sind eindeutig. Und Israel fürchtet wohl zu Recht, dass sich mit einer iranischen Atombombe alles, aber auch alles im Nahen Osten verändern würde.

Gehen wir vom schlimmsten Fall aus, dann werfen die Iraner die Atombombe auf Israel, der jüdische Staat hört auf zu existieren. Wenn dies nicht geschehen sollte, wenn der Iran entweder – wie Israel – eine Politik der Doppeldeutigkeit fahren würde, also nicht öffentlich erklärt, er habe eine Atombombe, aber man dennoch davon ausgehen muss, oder Teheran erklärt, es habe eine, aber man werde sie nicht auf Israel werfen – in allen Fällen muss sich Israel entsprechend wappnen.

Darum ist klar, dass bereits heute die Planspiele in Israel begonnen haben. Natürlich hofft man hier, die internationale Staatengemeinschaft werde das Problem lösen. Doch viel Vertrauen setzt man nicht in sie. Die EU ist ein zahnloser Debattierverein, die UNO ist nicht viel besser. Bleiben nur die USA. Allein auf sie kann und muss Israel hoffen, aber auch auf Washington ist nach dem Irak-Debakel kein echter Verlass mehr. Könnte, würde George W. Bush den Iran noch angreifen? Und wenn nicht – wird das der nächste Präsident der Vereinigten Staaten? Und wenn ja – wäre das überhaupt die Lösung für das iranische Problem?

Fragen über Fragen, die in Israel das Unbehagen wachsen lassen, man könnte mit der atomaren Bedrohung letztendlich alleingelassen werden. Und so diskutieren Politiker und Militärs gleichermaßen über die Möglichkeiten eines präventiven, präemptiven Schlags. Mit solchen in den Medien veröffentlichten Debatten wird natürlich Politik gemacht. Sie sind Teil einer psychologischen Kriegführung, die die Iraner beeindrucken soll, sie dienen aber auch dazu, die eigene Bevölkerung auf mögliche Entscheidungen vorzubereiten, die nicht unbedingt in einen Krieg münden müssen, aber doch schwere Opfer von den Israelis abverlangen könnten.

Israel, das schon lange als Atommacht gilt, behält sich auch das Recht zum sogenannten »Zweitschlag« vor, will heißen: Wir greifen nicht an, aber sollten wir angegriffen werden, jagen wir atomar im Iran alles in die Luft, was nur geht. Eine Politik, die wir Europäer, in Deutschland zumal, noch gut aus der Zeit des Kalten Krieges kennen.

Um diese »Zweitschlag«-Politik aber aufrecht zu erhalten, müsste Israel große wirtschaftliche Schwierigkeiten in Kauf nehmen – seine atomaren Möglichkeiten hätten ja ständig in Einsatzbereitschaft zu sein. Hatte in den Zeiten des Kalten

Krieges die Vorwarnzeit zwischen Washington und Moskau noch bei zwanzig Minuten gelegen, so sind das für die Strecke Teheran-Tel Aviv gerade noch sieben Minuten. Israel müsste sein nukleares Potential auf seinen U-Booten und in der Luft in Bereitschaft halten. In Zahlen: Eine Flugstunde eines F-16-Bombers kostet etwa 10 000 US-Dollar. Wenn man also jeweils ein atomar bestücktes Flugzeug ein ganzes Jahr in der Luft halten will – und das müsste man, wenn der Iran eine Atombombe hat –, dann würde das allein pro Jahr 87 Millionen US-Dollar Kosten bedeuten.

Um eine atomar ausgerüstete Schwadron ein ganzes Jahr in der Luft zu halten, müssten die israelischen Bürger 1,5 Milliarden israelische Schekel bezahlen, das sind rund 280 Millionen Dollar. Wenn dann noch zwei atomare U-Boote ein ganzes Jahr rund um die Uhr im Einsatz sein sollen, beträgt die Gesamtsumme bereits 2,5 Milliarden israelische Schekel.

Wie aber soll ein Land mit gerade mal sechs Millionen Einwohnern eine solche Last schultern können? Im Falle eines atomar aufgerüsteten Irans müsste Israel zusätzlich seine Militärdoktrin radikal ändern. Bislang leistete sich Israel immer nur eine relativ kleine Zahl von Soldaten im stehenden Heer, um das Land aktiv zu verteidigen, damit die Männer der Wirtschaft nicht verloren gehen. Nur im Falle akuter Bedrohung wird schnellstens eine hohe Zahl von Reservisten eingezogen. Mit der konkreten Gefahr aus dem Iran müsste diese Doktrin überdacht werden. Nicht nur, dass sowohl Soldaten wie auch Polizisten grundsätzlich in höherer Alarmbereitschaft sein müssten, als dies jetzt der Fall ist, darüber hinaus müsste das stehende Heer vergrößert, die Einsatzbereitschaft der Air Force und der Bodentruppen verbessert werden. Mit anderen Worten: Der israelischen Wirtschaft würde eine hohe Anzahl von Arbeitskräften auf Dauer entzogen werden. Über diese Folgen einer atomaren Bedrohung macht man sich in Europa natürlich nur wenig Gedanken; Israel muss aber solche Überlegungen für seine Zukunft mit einbeziehen, um eine Antwort zu finden, wie man mit Ahmadinejad und seiner Gefolgschaft umgehen will. Die Frage, die sich Israel also stellt, ist: »Was kommt ›billiger‹: Ein Erstschlag oder eine Zweitschlagsoption?« Denn darüber hinaus ist klar, dass, selbst wenn Teheran niemals eine Bombe werfen würde, die atomare Aufrüstung im Nahen Osten auf alle Fälle beschleunigt werden würde. Saudis und Ägypter würden versuchen, mit Teheran gleichzuziehen. Und: Der islamistische Terror kann noch skrupelloser und brutaler vorgehen, wenn er weiß, dass er durch eine schiitische Atombombe gedeckt ist. Das aber sollte gerade auch den Europäern zu denken geben. Denn dies würde wohl auch massive Folgen für die innenpolitische Situation in all jenen Ländern haben, die über einen hohen muslimischen Bevölkerungsanteil verfügen.

Israel im Jahr 2007 befindet sich in einer der schlimmsten Krisen seiner Geschichte. Die Wirtschaft blüht und gedeiht zwar wie nie zuvor; das Bruttosozialprodukt wächst jährlich mit großer Stetigkeit, zuletzt mit fast 6 Prozent. Doch Politik und Militär sind angeschlagen. Das ist nicht neu, der Libanon-Krieg im Sommer 2006 hat die Schwäche des Landes, die Schwäche des Systems deutlich gemacht. Die großartige, »unbesiegbare« israelische Armee hat eine zumindest psychologische Niederlage einstecken müssen, die ihr noch lange zu schaffen machen wird. Die strategischen Fehler, die im Generalstab der Armee während des Krieges gemacht wurden, sind so krass gewesen, dass man sich als Beobachter vor Ort unwillkürlich die Frage stellte, wie denn Israel im wirklichen Ernstfall, also im Falle eines Waffenganges mit dem Iran oder mit Syrien, überleben können soll.

Gewiss, der Libanon-Krieg zeigte deutlich, wie problematisch für reguläre Armeen der sogenannte »asymmetrische Krieg« gegen eine Guerilla-Truppe, gegen eine Miliz ist. Der Irak-Krieg der USA hat dies ja schon mehr als deutlich gemacht, doch auch in der jüngeren Geschichte konnte man immer wieder sehen, wie schwer sich eine Armee tut im Kampf gegen Untergrundorganisationen: Russland in Afghanistan, die USA in Vietnam.

Insofern war es doppelt verwunderlich, dass die israelische Armee von Fehler zu Fehler tappte, sich in Kämpfe verwickeln ließ, die sie, wenn überhaupt, nur mit hohen Verlusten gewinnen konnte – ohne dabei etwas zu gewinnen.

Inzwischen hat der gescheiterte Libanon-Krieg erste personelle Konsequenzen nach sich gezogen. Der israelische Generalstabschef Dan Halutz ist zurückgetreten, sein Nachfolger Gabi Ashkenazi darf nun daran gehen, den ziemlich desolaten Zustand der Armee in allerkürzester Zeit wieder zu beheben. Er muss die Defizite und Fehler korrigieren, muss die Moral der gesamten Truppe wieder auf Vordermann bringen, die Befehlsstrukturen neu ordnen, die Führung der Armee neu aufstellen, vor allem aber: die Autorität, und zwar eine verlässliche Autorität des Generalstabs wieder aufbauen, so dass die Soldaten wieder an ihre Vorgesetzten glauben können. Denn das zeigte sich auch gegen Ende des Krieges: Die Soldaten wussten einfach nicht mehr, was sie tun sollten. Fast jeden Tag, wie inzwischen bekannt wurde, gab es andere, zum Teil widersprüchliche Befehle.

Die Situation der israelischen Armee ist heute ähnlich desolat wie nach dem ebenfalls fast verlorenen Jom-Kippur-Krieg 1973. Aus jener Erfahrung jedoch versucht die Nation ihre Hoffnung für die Zukunft zu schöpfen. Damals wurde die Armee konsequent umgebaut, die führenden, gescheiterten Köpfe rollten – auch in der Politik.

So weit ist Israel aber im Augenblick noch nicht. Denn die Schwäche der Armee verwies ebenso deutlich auf die Schwäche der politischen Führung. War dieser Krieg notwendig? Musste er wirklich sein? Wie konnten ein militärisch so unerfahrener Ministerpräsident wie Ehud Olmert und dessen militärisch ebenso unerfahrener Verteidigungsminister Amir Peretz einen solchen Feldzug nur beginnen? Hätte Ariel Sharon so ein Abenteuer zugelassen, wenn er noch Ministerpräsident gewesen wäre? Muss, wie es nun scheint, in Israel doch ein Ex-Militär Verteidigungsminister sein, damit ihm die aktiven Generäle nicht auf der Nase herumtanzen, dem Kabinettsmitglied nicht ein X für ein U vormachen können?

Und hat Olmert den Krieg vielleicht nur begonnen, um sein angeschlagenes Image aufzuwerten, die Schwäche seiner Großen Koalition zu übertünchen, die Korruptionsvorwürfe gegen ihn beiseite zu schieben?

Und warum ziehen Olmert und Peretz nicht die Konsequenzen aus der militärischen Niederlage und treten zurück? Kein einziges öffentlich genanntes Kriegsziel ist erreicht worden. Weder gelang es der Armee, die beiden von der Hizbollah entführten israelischen Soldaten zu befreien, noch konnte man die Hizbollah »vernichten«. Ganz im Gegenteil: Sie ist stärker denn je.

Fragen über Fragen, die die israelische Öffentlichkeit heute beschäftigen und den Grad der Verunsicherung zeigen, die den jüdischen Staat erfasst hat.

Interessant ist, dass die Umfragewerte für Olmert und Peretz verheerend sind – doch anders als früher geht kaum jemand auf die Straße. Israel, das Land der großen Massendemonstrationen, ist merkwürdig paralysiert. Die Öffentlichkeit tut wenig. Opposition gibt es im öffentlichen Diskurs lediglich von Seiten der Presse und der Justiz, die die Korruption der Politik immer schärfer aufs Korn nimmt. Ex-Justizminister Chaim Ramon ist bereits wegen sexueller Belästigung verurteilt worden, gegen Staatspräsident Moshe Katzav wird wohl bald ein Verfahren wegen möglicher Vergewaltigung und sexueller Belästigung in mehreren Fällen eröffnet. Ehud Olmert ist im Visier der Justiz wegen zahlreicher Verdachtsmomente in Sachen Korruption – die Liste ließe sich beliebig fortsetzen. Israel gilt heute als eines der korruptesten Länder der Welt.

Die Verachtung, die die Menschen auf der Straße für ihre Repräsentanten empfinden, ist enorm. Und doch protestieren sie nicht öffentlich. Warum? Weil sie kaum Alternativen zu denjenigen Politikern haben, die jetzt im Amt sind. Das ist nicht nur die Krux einer Großen Koalition, es ist auch Folge des »Brain drain«, den die israelische Politik seit Jahren erlitten hat. Denn wer begibt sich schon gerne in die Niederungen der Politik, wenn sie, wie derzeit in Israel, so tief im Morast steckt? Die Israelis könnten im Augenblick nur auf den Likud »zurückgreifen«, und das hieße: auf Benjamin Netanjahu. Doch ist er eine Alternative zur aktuellen Regierung? Viele schrecken vor dieser Möglichkeit zurück, erinnern sich an Netanjahus Zeit als Ministerpräsident und fragen sich, ob sie dann nicht vom Regen in die Traufe kämen. Ähnlich sieht es bei der sogenannten Linken aus. Ehud Barak, die gescheiterte, tragische Figur des Friedensversuches von Camp David 2000, drängt zurück in die Politik, will die Arbeitspartei übernehmen und zunächst einmal Peretz als Verteidigungsminister ablösen. Wäre Barak die Lösung? Immerhin – in seiner Amtszeit als Ministerpräsident wollte er alles »richtig« machen, wollte Frieden mit Syrien, mit den Palästinensern. Und erreichte – nichts, weil er strategisch und innenpolitisch so gut wie alles falsch machte, was man falsch machen konnte. In der selbstherrlichen Art des einstigen, wirklich genialen Militärs und Generalstabschefs betrieb er Politik. Und bereits als er im Sommer 2000 nach Camp David reiste, um dort mit US-Präsident Bill Clinton und Palästinenserführer Jassir Arafat den Durchbruch zu erzwingen, hatte er im Parlament längst keine Mehrheit mehr hinter sich. Nein, auch Barak scheint für die Israelis keine Option zu sein.

Die satirische Fernsehsendung »Eretz Nehederet« (»Das großartige Land«) mokiert sich in schöner Regelmäßigkeit über die »neuen«, alten Politiker und führt sie einer begeisterten, aber zugleich zutiefst frustrierten und verunsicherten israelischen Gesellschaft vor.

Auch an der palästinensischen Front geht es nicht voran. Die innerpalästinensischen Konflikte, der Aufstieg der radikal-islamischen Hamas haben Israel in die schwierige Lage versetzt, nun tatsächlich keinen echten Gesprächspartner mehr zu haben. Der Abzug aus Gaza im Sommer 2005, den noch Ministerpräsident Ariel Sharon zur Überraschung der ganzen Welt konsequent durchgezogen hatte, hat nicht die erhoffte Beruhigung gebracht. Jedem in Israel war klar, dass Sharon nicht vom Friedenswillen getrieben war, als er sich entschied, die 8000 Siedler aus dem Gazastreifen nach 38 Jahren zurückzuholen. Es war die Angst vor der demographischen Explosion – dass bald eine jüdische Minderheit über eine palästinensische Mehrheit herrschen könnte, es war die Befürchtung, wenn Israel nichts tue, würde die Welt den Israelis noch ganz andere Opfer abverlangen als nur die Rückgabe Gazas. Es war die Überlegung, dass die Kosten für den Schutz der Siedler dem Vorteil der Besiedlung nicht mehr gerecht wurden. Und dennoch hoffte man in Israel, dass die Palästinenser jetzt, nachdem sie nun den Gazastreifen zurückerhalten hatten, Ruhe geben würden. Zumindest an dieser Front. Nichts dergleichen geschah. Interessant ist, dass ausgerechnet einige linke Politiker vor dem Abzug warnten, wie zum Beispiel der heutige stellvertretende Verteidigungsminister Ephraim Sneh. Sie waren strikt gegen diesen unilateralen Schritt, weil sie voraussahen, dass danach ein politisches Vakuum in Gaza entstünde, so dass die palästinensische Gesellschaft sich radikalisieren würde, zumal die Hamas für sich einen Sieg in Anspruch nehmen konnte: Seht her, dank unserer Attentate ist der zionistische Feind endlich geflohen. Was von Sharon als geniale Taktik angesehen wurde, sich eben nicht um die Palästinenser zu scheren, sondern ganz allein, ganz »allmächtig« über die Zukunft der Region zu entscheiden, erwies sich als ein weiterer Fehlschlag der israelischen Politik.

Wie aber nun weiter? Ein Rückzug aus der Westbank ist für die nächste Zukunft nicht zu erwarten. Zwar war Ehud Olmert bei den Wahlen im Frühjahr 2006 mit diesem Versprechen angetreten. Doch nach Tausenden von Kassam-Raketenangriffen aus Gaza und dem verlorenen Krieg im Libanon wird er keine Mehrheit mehr finden, um auch nur einen einzigen Quadratmeter Land zurückzugeben, an wen auch immer.

Israel ist im Augenblick ohnmächtig und versucht sich gleichzeitig auf die nächsten Herausforderungen vorzubereiten: auf eine neue Runde der Gewalt mit den Palästinensern, auf einen möglichen Krieg mit Syrien und wiederum mit der Hizbollah im Libanon, auf den großen Show-Down mit dem Iran. Friedliche Alternativen scheinen sich im Augenblick nicht zu bieten. Und Hilfe von außen ist ebenfalls nicht zu erwarten. Die USA haben einen angeschlagenen Präsidenten, bald beginnt die heiße Phase des amerikanischen Wahlkampfes. Wie soll Washington da noch in der Lage sein, Entscheidungen im Nahen Osten herbeizuführen, zumal mit einem Präsidenten, der in der arabischen Welt verhasst ist wie kein anderer?

Wie soll das alles also weitergehen? Schon beschwört der öffentliche Diskurs in Israel wieder den Holocaust als drohendes Menetekel an der Wand. Angesichts der Ausführungen des iranischen Präsidenten Ahmadinejad über das zukünftige Schicksal Israels kann das nicht verwundern. Der Holocaust spielt im heutigen kollektiven Bewusstsein der Israelis vielleicht eine größere Rolle als noch vor zehn oder zwanzig Jahren, da die eigene Schwäche immer deutlicher wird. Israel hat seinen Allmachts-Nimbus nicht nur in der arabischen Welt verloren, sondern auch in der eigenen Gesellschaft. Die Scud-Raketen auf Tel Aviv 1991 hatte man noch irgendwie verdaut.

Man konnte darauf verweisen, die eigene Armee habe in den Golfkrieg damals auf Verbot der USA nicht eingreifen können. Hätte sie das gedurft, ja dann wäre alles ganz anders gekommen. Doch inzwischen bröckeln diese Mythen zunehmend. 4000 Raketen der Hizbollah schlugen in nur einem Monat im vergangenen Sommer im Norden Israels ein – und die Armee vermochte nicht die Angriffe zu beenden. Ein Drittel des Landes hörte auf, einen normalen Alltag zu führen. Die Menschen lebten in Bunkern, waren in den sicheren Süden oder in das Zentrum des Landes geflüchtet. In früheren Kriegen war die Heimatfront stets verschont geblieben, jetzt ist sie Teil des Kriegsgeschehens. Und die Gefahr, dass irgendwann schlagkräftigere Raketen als zuletzt in den Ballungszentren des Landes schlimmste Verwüstungen herbeiführen könnten, ist nicht mehr in weiter Ferne, sondern eine Realität, mit der man sich in Israel auseinandersetzen muss. In den Planspielen für einen möglichen Iran-Krieg rechnen israelische Strategen inzwischen mit den Folgen eines konventionellen Raketenangriffs der Iraner auf Tel Aviv. 50 000 bis 100 000 Tote werden da schon mal »in Kauf« genommen, um zu überlegen, wie man danach weitermacht.

Für die meisten Europäer, selbst für die Deutschen, ist der Holocaust bereits in weiter historischer Ferne. Nicht so für die Israelis. Die Angst, das jüdische Volk könnte ein zweites Mal völlig vernichtet werden, sitzt tiefer denn je und wird mit Sicherheit die israelische Politik beeinflussen Man darf davon ausgehen, dass zumindest den Amerikanern klar ist, dass die internationale Staatengemeinschaft in irgendeiner Form aktiv werden muss, um die iranische Bedrohung zu stoppen, ehe Israel einen vielleicht hastigen, drastischen und möglicherweise fatalen Schritt macht, der die gesamte Region in den Abgrund reißt.

Wohin steuert nun die Region?

In konzentrischen Kreisen versuche ich, von Israel ausgehend, die aktuellen Brandherde im Nahen Osten darzustellen. Voraus gehen zwei Kapitel über die Golfkriege und den 11. September 2001, die die Strukturen im Nahen Osten in den letzten sechzehn Jahren grundlegend verändert haben. Dann komme ich auf zwei Gruppen in Israel zu sprechen, die für die politische Entwicklung mit entscheidend sind: die Siedler und die israelischen Araber. Die Bedeutung Jerusalems, das Verhältnis der USA, der EU und der UNO zu Israel und dem Nahostkonflikt sind die nächsten Kapitel, von da geht es zu den Nachbarn des jüdischen Staates und dann weiter.

Auf die Lage im Irak gehe ich nur indirekt ein. Hinweise sind in den Kapiteln über die Auseinandersetzungen zwischen Schiiten und Sunniten zu finden, über den Iran und an anderen Stellen. Denn das amerikanische Irak-Debakel benötigte, will man es in seiner ganzen Tragweite begreifen, einen Rahmen, der dieses Buch mit seiner Intention sprengen würde.

Die Kapitel sind in sich geschlossen, das heißt, man muss sie nicht hintereinander weg lesen, sondern kann jeden Abschnitt für sich allein, wie bei einem Nachschlagewerk, vornehmen. Das führt immer wieder zu Wiederholungen von Ereignissen, die in verschiedenen Zusammenhängen eine Rolle spielen. Ich habe mich nicht gescheut, diese Wiederholungen in Kauf zu nehmen, allerdings gibt es eine ausführliche Darstellung eines Ereignisses wie etwa der Zweiten Intifada immer nur an einer Stelle. Ansonsten sollen Kurzbeschreibungen dazu dienen, den jeweiligen Zusammenhang verständlich zu machen.

Last but not least, möchte ich mich bei all denen bedanken, die mir bei der Entstehung dieses Buches geholfen haben. Da sind zunächst einmal meine Agentin Lianne Kolf und mein Lektor Bernhard Suchy, die mich mit viel Geduld die letzten Monate begleiteten. Und da ist vor allem Shelly Barkay, die mir bei den Recherchen geholfen hat und ohne deren Hilfe dieses Projekt nicht zustande gekommen wäre. Ihr gebührt besonderer Dank für ihre Ausdauer, für ihren Input und vor allem für die vielen, vielen Diskussionen über die Lage im Nahen Osten, die wir immer wieder miteinander führen. Ihre Leidenschaft, ihr Engagement, ihr manchmal schon verzweifelter Optimismus über die Zukunft Israels und des Nahen Ostens geben mir für die eigene Arbeit immer wieder neue Impulse. Seit mehr als einem Jahrzehnt arbeiten wir schon miteinander. Der Nahe Osten ist für mich ohne Shelly nicht denkbar.

Während ich dieses Buch geschrieben habe, hatte ich immerzu Hannah und Noah vor Augen, diese wunderbaren Kinder, die den ganzen Nahostkonflikt in sich tragen. Meine ganze Liebe gilt Euch!

Tel Aviv, im Februar 2007

Die Golfkriege

Der Persische Golf war in seiner Geschichte Schauplatz vieler Kriege. In der Antike ging es meist um territoriale Ansprüche, im 20. Jahrhundert dann immer mehr um die reichen Ölvorkommen und deren Ausbeutung. Dabei standen Auseinandersetzungen um die Provinz Khuzestan stets im Mittelpunkt. Ende der fünfziger Jahre des letzten Jahrhunderts hat das irakische Regime nicht mehr nur verbal dagegen protestiert, dass der Iran die ölreiche Provinz besetzt hielt. Die Regierung in Bagdad unterstützte die Widerstandskräfte in Khuzestan und begann ihren Anspruch auf die Provinz innerhalb der Arabischen Liga zu formulieren, allerdings erfolglos. Daraufhin erfüllte der Irak seine vertraglichen Vereinbarungen, die mit dem Iran existierten, nicht mehr – das war nach dem Tod Gamal Abdel Nassers und dem Aufstieg der Baath-Partei im Irak, als sich Bagdad bemühte, der neue »Führer der arabischen Welt« zu werden.

1980 marschierte Irak schließlich in Khuzestan ein, in der Hoffnung, die Schwäche Irans unmittelbar nach der Islamischen Revolution ausnützen zu können. Doch daraus entwickelte sich der sogenannte Erste Golfkrieg, der acht Jahre dauerte. Während dieser Zeit wechselte die internationale Staatengemeinschaft mehrfach die Seiten, belieferte mal den Iran, mal den Irak mit Waffen. Ironischerweise waren die USA besonders hilfreich beim Aufbau der Armee von Saddam Hussein. Die Amerikaner wollten unbedingt verhindern, dass sich die Islamische Revolution von Teheran aus über die arabische Halbinsel ausweitete, und suchte in Saddam Hussein, der mit dem Islam nichts zu tun hatte, einen Verbündeten. Die chemischen und biologischen Waffen, Helikopter und anderes Gerät des Irak – sie kamen aus den USA. Aber auch die Sowjetunion rüstete die irakische Armee aus, so dass sie auch nach acht Jahren Krieg immer noch bestens bewaffnet war, als sie 1990 Kuwait besetzte.

Die Grenze zu Kuwait war ebenfalls eines der zentralen Probleme der Golfregion. Sie wurde 1913 in einem Vertrag zwischen dem Osmanischen Reich und den Briten festgelegt. Die Krone hatte ihn für die Kuwaitis ausgehandelt, die ihre Außenpolitik 1899 in die Hände Großbritanniens gelegt hatten. Als der Irak 1932 unabhängig wurde, erkannte er die Grenze offiziell an. Doch in den sechziger und Mitte der siebziger Jahre machten die Irakis immer wieder ihren Anspruch auf Teile Kuwaits geltend und forderten sie zurück.

1922 hatten die Briten mit Abd al Aziz ibn Ab dar Rahman Al Saud den Vertrag von Mohammara besiegelt. Der Vertrag regelte die Grenzen zwischen den beiden später dann unabhängigen Staaten: Abd al Aziz gründete 1932 das Königreich Saudi-Arabien. 1922 war auch vereinbart worden, dass in der sogenannten neutralen Zone, die rund 7500 km² groß war und im Westen Kuwaits lag, weder der Irak noch die Saudis Häuser oder andere Einrichtungen errichten dürfen. Den Beduinen war gestattet, die knappen Wasserressourcen der Zone zu nutzen und ihr Vieh dort auch grasen zu lassen.

Erst im April 1975 wurde in Bagdad ein Vertrag zur endgültigen Festlegung der Grenze geschlossen. Obwohl es später Gerüchte gab, dass es ein Abkommen zur Teilung der irakisch-saudischen neutralen Zone geben sollte, tauchte so ein Papier nie auf. Stattdessen kontrollierten die Saudis nun dort die Ölquellen und überwiesen den Irakis Geld aus dem Verkauf.

Im August 1990 marschierte die irakische Armee in Kuwait ein. Schnell kontrollierten sie den kleinen Nachbarn. Bald darauf verbreitete sich die Kunde von grausamen Gemetzeln, die die irakische Armee an der Zivilbevölkerung Kuwaits verübt haben soll. Das irakische Militär brachte aus dem Ölland Kuwait alles nach Bagdad, was nicht niet- und nagelfest war, selbst die medizinische Ausstattung in den Kliniken verschwand. Die Palästinenser, die in Kuwait ebenso wie in den anderen Golfstaaten gelebt und gearbeitet hatten, wurden von den Irakis offiziell »befreit«. Später, als der Irak aus Kuwait vertrieben worden war, mussten die Palästinenser für ihre Allianz mit Saddam schwer bezahlen: Sie wurden von den zurückgekehrten Machthabern aus dem Land gejagt.

Doch zunächst wurden andere »Gastarbeiter« vertrieben, wie etwa ägyptische Arbeiter, die in den Ölfeldern Kuwaits ihr Einkommen verdienten. Die irakische Invasion löste bei den arabischen Regimes der Golfregion, die von den USA unterstützt wurden, eine Panik aus. Die amerikanischen Ölgeschäfte waren in Gefahr. Es war nun ein Leichtes, gegen den Irak Partei zu ergreifen; Saddam Hussein war von der Sowjetunion lange Jahre in seiner Politik gegen Israel unterstützt worden. Saddam hatte die extremistischen palästinensischen Terroristen finanziert, darunter den berüchtigten Abu Nidal, der für viele Attentate gegen Amerikaner und Israelis verantwortlich war.

Solidaritätserklärungen für die Golfstaaten brachten den Vereinigten Staaten einen wesentlichen Vorteil vor Ort. Dass Amerikaner dort stationiert wurden, war vielen muslimischen Fundamentalisten ein Dorn im Auge, da »Ungläubige« angeblich nichts auf heiliger moslemischer Erde verloren haben. So aber konnten die Amerikaner sogar in Saudi-Arabien Soldaten bereitstellen, es ging schließlich um die Befreiung eines muslimischen Landes. Doch die Bedrohung blieb langfristig erhalten. Bis heute werden Anschläge verübt, um die Amerikaner vom islamischen Boden zu vertreiben.

Nach dem Einmarsch Saddams gelang es den Amerikanern,

eine gewaltige und eindrucksvolle internationale Koalition zu schmieden, mit deren Hilfe sie Anfang 1991 die Irakis aus Kuwait vertrieben und entscheidend schwächten. Dieser Krieg ermöglichte in der Folge den Beginn des Friedensprozesses zwischen Israelis und Palästinensern mit der Unterstützung aller Supermächte (darunter auch das nach dem Zusammenbruch des Kommunismus sehr geschwächte Russland) und der arabischen Staaten. Saddam Hussein blieb jedoch an der Macht, der Irak gewann mit der Zeit an Stärke zurück.

Die Komplexität der irakischen Situation liegt in der ethnischen Zusammensetzung seiner Bevölkerung begründet. Die Bevölkerung ist überwiegend schiitisch, das Land wurde aber immer von der sunnitischen, säkularen Baath-Partei regiert. In den turbulenten Jahren des Schah-Regimes im Iran hatten die schiitischen Ayatollahs im Irak Zuflucht gefunden und in Teilen des Landes neue spirituelle Zentren der Schia eingerichtet. Die Islamische Revolution im Iran löste in Bagdad die nicht unberechtigte Sorge aus, dass der Süden des Landes in die Umbrüche des Nachbarlandes mit hineingezogen werden könnte.

Im Nordirak lebt eine überwiegend kurdische Bevölkerung, die – wie die Schiiten im Süden – die Zentralregierung in Bagdad stets ablehnte. Die Kurden wurden von den USA, Israel und während des Ersten Golfkrieges auch vom Iran unterstützt. Seit der Gründung der irakischen Republik 1958 befanden sich die Kurden in mehr oder weniger ständigen blutigen Auseinandersetzungen mit der Regierung. In den frühen siebziger Jahren hatte es sogar kurzfristig so ausgesehen, als ob die Kurden unter ihrem legendären Führer Mulla Mustafa Barzani tatsächlich einen unabhängigen Staat im Nordirak errichten könnten. Doch 1975 zog der iranische Schah – bis dahin der größte Alliierte der Kurden – seine Unterstützung zurück, als Resultat des Algerienabkommens zwischen Teheran und Bagdad. Damit brach die kurdische Freiheitsbewegung so gut wie zusammen. Es kam zu einer Abspaltung der Kurdischen Demokratischen Partei (KDP), die von Masud Barzani, dem Sohn von Mulla Mustafa Barzani, gegründet wurde. Daraus spaltete sich erneut eine Gruppe ab, die PUK (Patriotische Union Kurdistans) unter Jalal Talabani. Zwischen 1975 und 1980 kämpfte die PUK gegen Saddams Regierung mit einer Reihe von Attentaten.

Die Zukunft der Kurden blieb ungewiss. 1983 hatte die KDP als Vorhut einer iranischen Gruppierung im Nordirak agiert, später verteilten sich ihre Kader entlang der türkisch-irakischen Grenze, wo sie Milizbasen aufbauen konnten. In der Region um Kirkuk blieb Talabanis PUK besonders präsent, obwohl Saddam versuchte, sie mit aller Gewalt und Brutalität zu vernichten. Doch bis 1988 war es den kurdischen Milizen gelungen, einen Großteil des irakischen Nordens, wo sich die kurdischen Großstädte befinden, unter ihre Kontrolle zu bringen. Dann kam der Gasangriff von Saddam Hussein auf die kurdische Stadt Halabja, bei dem mehr als 5000 Menschen starben.

Nach dem Golfkrieg 1991 musste sich das irakische Regime einer Reihe von Sanktionen unterwerfen. Das Militär konnte sich nicht mehr ungehindert bewegen, chemische, biologische und nukleare Waffenprogramme wurden verboten. Ende der siebziger Jahre hatte der Irak mit französischer Hilfe begonnen, den Nuklearreaktor Osirak etwas außerhalb von Bagdad zu bauen. Israel fürchtete, dort könnte ein militärisches Atomprogramm entwickelt werden, und zerstörte die Anlage 1980 mit einer waghalsigen Aktion seiner Luftwaffe. Es war der einzige Angriff Israels, der jemals gegen den Irak geführt wurde.

Trotz der militärischen Niederlage und der Sanktionen der UN spielte Saddam Hussein in den neunziger Jahren mit den im Land herumreisenden UN-Inspektoren Katz und Maus. Zumindest für die Weltöffentlichkeit wurde nicht ersichtlich, ob der Diktator noch über Massenvernichtungswaffen verfügte oder nicht. Als Präsident George W. Bush den Irak auf seiner »Achse des Bösen« verortete und erklärte, der Irak arbeite mit Al-Kaida zusammen, konnte die Welt wenig dagegen sagen. Der nächste Krieg am Golf begann.

Dieser Krieg, den Bush 2003 befahl, war Teil seines globalen Krieges gegen den Terrorismus. Das irakische Regime sollte gestürzt, die Produktion von Massenvernichtungswaffen damit ein für allemal unterbunden werden. Anders als die USA es selbst noch in einer Sondersitzung der UNO behauptet hatten, wurden keinerlei Massenvernichtungswaffen im Irak gefunden. Die Folgen des Krieges waren und sind bis heute unabsehbar. Ein Bürgerkrieg ist inzwischen ausgebrochen, und die USA haben die Lage kaum noch unter Kontrolle. Die amerikanische und die britische Armee sowie einige kleinere »Koalitionspartner« dieses Krieges schaffen es kaum, sich aus der Situation zu befreien und abzuziehen, ohne ihr Gesicht zu verlieren. Der Irak ist ein Schlachtfeld geworden. Dort kämpfen jetzt verschiedene muslimische Gruppen gegeneinander. Al-Kaida, die vorher nicht im Irak anwesend war und mit Saddam Hussein, entgegen den Behauptungen Bushs, nie kooperiert hat, unterstützt nun sunnitische Kräfte in ihrem Kampf gegen die von den USA unterstützte Regierung.

Die Lage im Irak ist auch deshalb besonders dramatisch, weil nicht einmal mehr die pro-amerikanischen arabischen Regimes die Lage vor Ort noch in irgendeiner Weise gutheißen oder rechtfertigen können. Das aber bringt sie in massive Bedrängnis. Syrien, das den sunnitischen Kämpfern gegen die USA Unterstützung garantiert, viele Kämpfer auch über die Grenze in den Irak hinein passieren lässt, wird einen hohen Preis von den Amerikanern einfordern, um seine Position zu verändern. Es wird die Golanhöhen von Israel zurückhaben wollen und auf militärischer und finanzieller Unterstützung

der USA bestehen. Der Iran wird dank der schiitischen Mehr-
heit ein wichtiger Player im Irak werden, wird wohl seine
Machtposition dort ausbauen und versuchen, die »islamische
Revolution« als Lösung für den Bürgerkrieg durchzusetzen.

Die Europäer, die schon längst der amerikanischen Politik
überdrüssig sind, werden interessiert sein, die nötigen Fi-
nanzmittel bereitzustellen, um das Land, das die USA zerstört
haben, wieder aufzubauen. Es könnte eine lohnende Investi-
tion werden, sowohl wirtschaftlich wie auch politisch. Die
Amerikaner könnten als Ergebnis ihres Kriegsabenteuers
langfristig den Zugriff auf die Golfregion verlieren und somit
die Kontrolle über die Ölfelder.

Was Israel betrifft, so ist es ziemlich egal, wie sich die Lage
im Irak entwickeln wird. Sie wird für den jüdischen Staat auf
alle Fälle negativ sein. Denn die Europäer gehen inzwischen
immer häufiger dazu über, Israel als das Kernübel für all die
Bedrohungen durch Al-Kaida und andere fundamentalistische Terrorgruppen zu betrachten, auch wenn das faktisch
und historisch nicht stimmt. Als Osama Bin Laden, der Führer von Al-Kaida in den neunziger Jahren, die ersten großen
Terrorakte gegen amerikanische Botschaften in Afrika befahl,
befanden sich Israelis und Palästinenser dank des Oslo-Ab-
kommens auf dem Weg zum Frieden. Bin Laden hatte Israel
lange Zeit überhaupt nicht im Sinn. Er, selbst ein Saudi, wollte
vor allem das saudische Herrscherhaus stürzen, wollte erst
später die Amerikaner und schließlich erst nach dem 11. September plötzlich auch Israel bekämpfen. Europäische Politiker haben jetzt damit begonnen, die Lage im Irak, den Terror
und das palästinensisch-israelische Problem miteinander zu
verknüpfen. Englands Premier Tony Blair erklärte Ende 2006,
die islamische Offensive gegen den Westen würde sein Mo-
mentum verlieren, wenn man die Palästinenserfrage lösen
könnte. Wenn die USA weiter in die außenpolitische Krise
geraten und damit als Großmacht immer schwächer werden,

wird sich Israel bald weitgehend allein einer immer größer werdenden Zahl von Feinden gegenübersehen.

Der Dritte Golfkrieg von 2003 scheint die USA militärisch geschwächt zu haben. Davon geht auch der Iran aus. Entsprechend kann er auftrumpfen und unbeeindruckt von allen verbalen Drohungen sein Atomprogramm weiter verfolgen.

Beide Präsidenten, George Bush senior und junior, haben bitter für ihre militärischen Expeditionen in den Irak bezahlt. Der eine wurde abgewählt, der andere ist inzwischen der unbeliebteste amerikanische Präsident der letzten einhundert Jahre. Wenn die Golfkriege den Westen etwas gelehrt haben, dann das: Demokratie ist nicht in die arabischen Staaten zu exportieren. Wenn der Westen in Zukunft mit der gesamten Nahost-Region sinnvoll umgehen will, muss er wissen, dass dort eine andere Kultur, ein anderes Denken, ein anderes System herrschen – und damit ein großer Unterschied in der Wahrnehmung politischer Probleme.

Ein kriegerischer Einsatz des Westens könnte in Zukunft wahrscheinlich nur dann möglich sein, wenn Wirtschaftsinteressen betroffen sind, wie etwa die gesicherte Ölversorgung für die Industrienationen. Es ist mehr als fraglich, ob der Westen Israel zu Hilfe eilen wird, wenn der Iran eines Tages eine Atombombe haben und mit seiner Drohung ernst machen sollte, Israel von der Landkarte zu tilgen.

Der 11. September

Am Morgen des 11. September 2001 entführten 19 Terroristen, allesamt Mitglieder der Terrororganisation Al-Kaida, in den USA vier Passagierflugzeuge. In jedem Team der Entführer befand sich ein ausgebildeter Pilot. Die Maschinen der United Airlines Flugnummer 175 und der American Airlines, Flugnummer 11 krachten kurz hintereinander in die beiden Türme des World Trade Centers in New York City. Die Folge: Beide Türme des weltberühmten Gebäudes stürzten innerhalb kurzer Zeit in sich zusammen. Eine dritte Maschine, American Airlines Flugnummer 77, stürzte direkt in das Pentagon in Arlington County, Virgina, das amerikanische Verteidigungsministerium, ein Hochsicherheitsgebäude. Die vierte Maschine, United Airlines Flugnummer 93, schien zunächst ein anderes Schicksal zu haben. Die Passagiere und die Crew versuchten, die Maschine wieder in ihre Gewalt zu bekommen, und kämpften mit den Entführern. Das Flugzeug, das angeblich das Weiße Haus zum Ziel hatte, stürzte schließlich auf einem Feld in der Nähe von Shanksville in Somerset County, Pennsylvania, ab. Bei dem konzertierten Terrorangriff starben neben den 19 Entführern 2973 Menschen. 24 Personen gelten als vermisst und werden inzwischen als tot angesehen.

Seit dem 11. September 2001 hat sich die Welt drastisch verändert. Ein Terrorakt dieses Ausmaßes auf amerikanischem Boden, mit der zivilen Luftfahrt als »Tatwaffe«, als Angriffsziele die wichtigsten Symbole amerikanischer Wirtschaft,

Verteidigung und Politik, führte zu einer ein für allemal veränderten Gesamtlage der Welt. War das Schreckgespenst in der Zeit des Kalten Krieges für die freie westliche Welt der Kommunismus, so wurde es spätestens nach dem 11. September der internationale islamistische Terror.

Die Folgen jenes Tages sind bis heute in letzter Konsequenz noch nicht absehbar, allerdings schon seit damals sicht- und spürbar.

Die Staaten des Westens, vor allem die USA, veränderten schlagartig ihre interne Sicherheitspolitik mit zum Teil fatalen Auswirkungen auf die Freiheiten der Zivilgesellschaft. Dazu gehören nicht nur neue, schärfere, ja, zum Teil drastische Kontrollen bei Flugreisen, sondern Formen der Überwachung und Kontrolle, die die Persönlichkeitsrechte jedes einzelnen Bürgers stark einschränken. Auch in Europa, wenngleich zunächst abgeschwächter, wurden solche Maßnahmen ergriffen, unter anderem in Deutschland.

Zur Zeit von »Nine Eleven«, wie der Terrorakt bald international nach der englischen Leseweise des Datums, 9/11, genannt wurde, hieß der deutsche Innenminister noch Otto Schily. In seinen ersten Bemühungen, den Terror in Deutschland zu verhindern, versuchte Schily ein uraltes Prinzip der demokratischen Rechtsprechung auf den Kopf zu stellen: in dubio pro reo, im Zweifel für den Angeklagten. Seine ersten Gesetzesvorlagen sahen die Möglichkeit der Überprüfung und Kontrolle von Personen in einer Form vor, die jedes Individuum willkürlich zum Verdächtigen machte. Um ein Haar wäre die Unschuldsvermutung in Deutschland, die die bürgerlichen Freiheiten garantiert, gekippt worden. Widerstand regte sich, Schily musste von seinen Plänen lassen. Doch sie waren eine erste Reaktion, ein gefährliches Signal einer neuen Ära, die durch den 11. September eingeläutet worden war. Das Datum wurde in der öffentlichen Diskussion damals auch als eigentlicher Beginn des 21. Jahrhunderts verstanden. Ja, mehr noch, der 11. September wurde zum Anfang eines Dritten Weltkrieges ausgerufen, der nicht mehr im klassischen Sinne mit den üblichen militärischen Mitteln geführt werden konnte, da es sich zum ersten Mal um einen »asymmetrischen« Krieg handelte, in dem nicht mehr zwei Staaten mit zwei Armeen aufeinander losgingen.

Damals also, in dieser »Zeitenwende«, veränderte sich die amerikanische Außenpolitik drastisch. Die Rolle der USA in der Welt wurde neu definiert durch eine Denkschule, die die Regierung von Präsident George W. Bush radikal umzusetzen versuchte: die Denkschule der Neokonservativen.

Eine der Reaktionen auf den Terrorakt, der von Al-Kaida und ihrem Führer Osama Bin Laden offensichtlich von Afghanistan aus unter dem Schutz des Taliban-Regimes geplant worden war, war der Angriff und die Invasion dieses Landes. Eine große internationale Koalition schloss sich den amerikanischen Truppen an, die ohne allzu große militärische Schwierigkeiten Afghanistan in kürzester Zeit besetzten, das Taliban-Regime vertrieben und zahlreiche Al-Kaida-Einrichtungen und -Kämpfer vernichteten und töteten. Allein, Osama Bin Laden, die charismatische Führungsfigur der Terrororganisation, konnte bis heute nicht gefasst werden.

Bald darauf, im Jahr 2003, begann die amerikanische Invasion des Irak.

Jeder noch so kleine Aspekt dieser Politik beeinflusst seitdem den gesamten Nahen Osten. Und fast könnte man meinen, dass nicht der 11. September, sondern vor allem der Einmarsch der US-Truppen in Bagdad zur Destabilisierung der Region massiv beigetragen hat. Die Befürworter dieser Politik in Washington gingen davon aus, dass man diesen Schritt schon längst hätte machen müssen, damals, 1991, als die USA mit einer großen internationalen Koalition, zu der auch einige arabische Staaten gehörten, den irakischen Diktator Saddam Hussein aus Kuweit vertrieben hatten, wo seine Truppen nur wenige Monate zuvor einmarschiert waren. Schon damals ging es in erster Linie um amerikanische Interessen, und die hießen: die Sicherung der Ölreserven. Es ist kein Zufall, dass die Befürworter der neokonservativen Politik, die offiziell unter anderem die »Demokratisierung des Nahen Ostens« vorsieht, engstens mit den wichtigsten amerikanischen »Global Players« in der Ölindustrie verquickt sind, wie beispielsweise Vizepräsident Dick Cheney, der vor seiner Berufung in dieses Amt einen Führungsposten in einer der größten Ölfirmen Amerikas innehatte. Dem Neokonservativismus, dem es darum ging, die Macht in den USA zu festigen, gelang es bestens, das »Big Business« Öl mit den politischen Figuren der Regierung Bush so zu verquicken, dass diese Allianz stark und beständig war.

Die Doktrin der Neokonservativen und damit auch der Regierung Bush war simplizistisch: All jene Staaten, die Terroristen Zuflucht und Schutz gewähren, sind Feinde der Vereinigten Staaten. Im Denken der Neocons war interessanterweise auch eine Doktrin des früheren demokratischen Präsidenten Bill Clinton verankert, derzufolge es erlaubt ist, »vorbeugende« Militärschläge (»Preemptive Strikes«) zu führen, wenn es darum geht, die USA vor der Bedrohung durch Terrorakte zu schützen. Beiden Doktrinen liegt derselbe Gedanke zugrunde. Jedem, der auch nur im Ansatz versuchen sollte, seine Macht oder seine militärischen und kämpferischen Kapazitäten so aufzubauen, dass er langfristig die Machtposition der USA entweder gefährden oder gar überwinden könnte, jedem also, der dies versuchen sollte, muss sofort der Garaus gemacht werden.

Den intellektuellen Hintergrund für dieses Denken lieferte vor allem ein amerikanischer Thinktank, das »American Enterprise Institute«, in dem viele Freunde und Berater der Regierung Bush zu finden waren und das sich seit der Ära von Präsident Ronald Reagan mehr und mehr zum neokonservativen Zentrum der politischen Kultur der USA entwickelt hat. Thomas Donnelly, der als Forscher am AEI arbeitete, formulierte den neokonservativen Anspruch ziemlich eindeutig: »Die fundamentale Prämisse der Bush-Doktrin ist wahr: Die Vereinigten Staaten besitzen die Mittel – wirtschaftlich, militärisch, diplomatisch –, um ihre expansiven geopolitischen Interessen zu realisieren. Weiterhin, vor allem im Licht der innenpolitischen Reaktion auf die Angriffe vom 11. September, ist es wahr, dass angesichts des Sieges in Afghanistan und der eindrucksvollen Fähigkeiten von Präsident Bush, die nationale Aufmerksamkeit zu fokussieren, Amerika den politischen Willen und die Fähigkeit hat, eine expansive Strategie zu verfolgen.«

In der unmittelbaren Folgezeit nach 9/11, als die ideologische Debatte in den USA hochkochte, gelang es der Regierung, die Öffentlichkeit davon zu überzeugen, dass sich die USA in einer ähnlichen Situation befänden wie Großbritannien im Zweiten Weltkrieg, als Winston Churchill mit seinem unerschütterlichen Durchhaltewillen seine Nation gegen Hitlers Luftangriffe verteidigte und schließlich zum Sieg führte. George W. Bush also ein neuer Churchill – ein Bild, das die Neokonservativen nur allzu gern kultivierten.

Anders als der traditionelle Konservativismus oder Liberalismus in den USA, die immer wieder einen gewissen Isolationismus Amerikas befürworten, zeichnet sich das neokonservative Denken vor allem durch die Bereitschaft zum militärischen Einsatz aus. Amerika habe das Recht, sich zu verteidigen, und damit geht die Bereitschaft einher, Regime, die den USA feindlich gegenüberstehen (oder auch: vermeintlich feindlich gegenüberstehen) anzugreifen. Das gilt auch für Regime, die zwar keine unmittelbare militärische Gefahr für die USA bedeuten, aber deren Interessen und Werte denen des »Landes der unbegrenzten Möglichkeiten« diametral entgegenstehen. Damit war das Ziel der Regierung Bush nach 9/11 vorgegeben. Der Kampf für einen freien Markt und die Verbreitung von Demokratie und Freiheit musste um jeden Preis geführt und gewonnen werden! Der scheinbare Widerspruch in diesem martialischen Denken ist, dass neokonservative Denker überzeugte Anhänger einer demokratischen Friedenstheorie sind: Nur wenn Staaten demokratisch sind, kann es Frieden geben. Und den gilt es – im Interesse des Marktes – unbedingt zu erreichen.

Die Umsetzung dieser Ideen hat seither massiven Einfluss auf die Entwicklung des Nahen Ostens genommen, unter anderem natürlich auch auf Israel und die Palästinensische Autonomiebehörde. Als der israelische Ministerpräsident Ariel Sharon im Jahr 2005 mit der Entscheidung konfrontiert war, ob er es akzeptieren sollte, dass die radikal-islamische Hamas sich an den demokratischen Wahlen zum palästinensischen Parlament beteiligen könne, blieb ihm dank der neuen Ideologie der USA nichts anderes übrig, als dem zuzustimmen. Sharon wollte und konnte der »Demokratiebildung«, wie sich die Amerikaner das auch für die Palästinenser vorstellten, nicht im Wege stehen. Wenn die Palästinenser mehrheitlich die Hamas wählen würden, nun denn. Das ist halt Demokratie ...

Doch es gab Kritiker dieser Einstellung, sogar in der israelischen Linken. Sie sahen in dieser Entwicklung, anders als die Neocons, eine massive Gefahr für die Demokratie. Sie führten natürlich den demokratischen Wahlsieg Adolf Hitlers in den dreißiger Jahren in Deutschland als Beispiel an, aber auch die Wahlerfolge der islamistischen FIS in Algerien. Der islamistische Extremismus nutzt natürlich auf zynische Weise die Möglichkeiten und Chancen, die die Demokratie eröffnet, um seine Ideologie durchzusetzen; Nordafrika ist dafür ein gutes Beispiel. Tatsächlich erwies sich die Entscheidung, die Hamas zu den Wahlen zuzulassen, als strategischer Fehler. Sie führte nicht nur zu einem völligen Erliegen der Friedensgespräche zwischen Israel und der PA, sondern schwächte obendrein den letzten Befürworter eines Ausgleichs mit den Israelis, Palästinenserpräsident Mahmud Abbas. Wenn also diese Politik von den Amerikanern nicht neu überdacht wird, dürften der Irak und schließlich auch Ägypten ähnliche Erfahrungen in allernächster Zukunft machen.

Da also die neokonservative Sehnsucht nach der Befriedung der Welt durch einen internationalen Demokratisierungsprozess mitverantwortlich ist für den Wahlerfolg der Hamas in den palästinensischen Gebieten, hat sie dadurch die Möglichkeiten zu einer Befriedung zumindest des israelisch-arabischen Konfliktes so gut wie ruiniert. Wie bereits gesagt, war der Kommunismus das große Feindbild der Freien Welt zur Zeit des Kalten Krieges; so kürte jetzt die Bush-Administration den islamistischen Terror nach 9/11 zum Feindbild Nummer eins. Um ihn als Gefahr für die USA und seine Alliierten (also auch Israel) auszuschalten, dürfe dem Terror grundsätzlich nie nachgegeben werden. Israel darf daher gegenüber arabischen Forderungen keinerlei Konzessionen machen. Syrien beispielsweise, das Israel immer wieder Friedensangebote macht, muss völlig ignoriert werden, und das heißt, dass Israel nicht einmal ausloten darf, ob diese Angebote ernst zu nehmen sind und eventuell tatsächlich zu einer Friedenslösung in Nahost beitragen könnten. Da das Assad-Regime in Damaskus aber nicht demokratisch ist, demokratische Wahlen in Syrien nicht existieren, kann neokonservatives Denken eine mögliche Annäherung zwischen dem demokratischen jüdischen Staat und einem totalitären Regime nicht zulassen. Es ist keine Frage: Syrien beherbergt islamistische Terrorgruppen, unterstützt sie, wie etwa die Hamas, die in Damaskus ihr Hauptbüro hat, von wo aus Khaled Meshal die Geschicke seiner Organisation in den palästinensischen Gebieten entscheidet. Es ist keine Frage, dass über Syrien der pro-iranischen Hizbollah Waffen in den Libanon zugeliefert werden; es ist ebenso unzweifelhaft, dass Syrien eine destruktive Machtpolitik im Libanon verfolgt. Dennoch kam es in jüngster Zeit, gerade nach dem Libanon-Krieg im Sommer 2006, immer wieder zu Offerten von Damaskus an Jerusalem, die Ministerpräsident Ehud Olmert aufgrund der amerikanischen Politik nicht beantworten konnte oder wollte.

Wie sehr die Neokonservativen die israelische Politik beeinflussen, konnte man bereits in den neunziger Jahren erkennen, als sie die harte Haltung des rechtskonservativen Likud-Politikers Benjamin Netanjahu massiv unterstützten. Netanjahu, sowohl in seiner Zeit als Ministerpräsident als auch später in anderen Positionen, blieb allen Forderungen gegenüber standhaft, er solle die Friedensverhandlungen mit Jassir Arafat wieder aufnehmen. Netanjahu zeichnet aus der Rückschau Mitverantwortung für das Scheitern des Friedensprozesses von Oslo.

Seit dem 11. September gibt es also wieder ein strikt manichäisches Weltbild (George W. Bush in einer Rede kurz nach den Angriffen auf die Twin Towers: »Wer nicht für uns ist, ist gegen uns!«), das den Nahen Osten in zwei Lager teilt: Iran, Syrien und der Irak vor 2003 sind Feinde, weil sie den islamistischen Terror unterstützen; die Golf-Staaten, Ägypten, Jordanien und Israel sind Opfer des Terrors und somit Freunde und Verbündete der USA. Die Allianz mit Israel, das seit Jahrzehnten tatsächlich Opfer von zahllosen Terrorangriffen islamistischer Gruppen ist, wurde in der Ära Bush intensiver und stärker als unter allen US-Präsidenten zuvor. Diese von den USA massiv ausgeweitete Unterstützung Israels, die dazu führte, dass sich die israelische Politik noch mehr als sonst üblich nach den Interessen Washingtons ausrichtete, hat jedoch zur Folge, dass Amerika, nur kurze Zeit nach der Clinton-Ära, seinen Ruf als ehrlicher Vermittler bei möglichen Verhandlungen zwischen Israel und den Palästinensern für die Zukunft verspielt hat. Indem Präsident Bush Israel nicht mehr dazu drängte, die Voraussetzungen für den letzten, offiziell noch gültigen Friedensplan, die sogenannte Roadmap, zu erfüllen, hat er praktisch dafür gesorgt, dass sein Land sich von einer möglichen Einflussnahme auf den Friedensprozess verabschieden musste. So konnte Israel ungehindert seine Siedlungen weiter ausbauen, wurde nicht gezwungen, illegale, kleinere Siedlungen wieder aufzulösen, wurde für Menschenrechtsverletzungen nicht zur Verantwortung gezogen; und auch sonst hatte Israel keinen Grund, auch nur den kleinsten Ansatz hin zu einer Lösung des Nahostproblems zu machen. All das war und ist eine unmittelbare Folge von Nine-Eleven, denn ohne ihn hätte die neokonservative Ideologie es schwer gehabt, ihre Ziele international so aggressiv zu verfolgen. Es hätte schlicht keinen Kriegsgrund gegeben.

Wie weit die unkritische Unterstützung Israels ging, bewies die Bush-Regierung während des Libanon-Krieges im Sommer 2006. Die militärische Reaktion Israels auf die Entführung zweier Soldaten und die Ermordung weiterer acht durch die Hizbollah auf israelischem Boden, noch dazu von einer Grenze aus, die international anerkannt und im Grunde »befriedet« war, wurde vom Weißen Haus als adäquate Maßnahme begrüßt und unterstützt: Die Hizbollah, die Manifestation islamistischen Terrors, der obendrein vom schiitischen Iran unterstützt wird, hat diesen Krieg provoziert, ist für ihn ausschließlich verantwortlich. Also darf Israel den Libanon angreifen, seine zivilen Infrastrukturen völlig zerstören. Der Libanon darf sich dafür bei der Hizbollah und deren Führer Hassan Nasrallah bedanken. Präsident Bush hielt so lange wie möglich an dieser Haltung fest und ließ Israels Armee gewähren, gab ihr Zeit, in der Hoffnung, sie könne den Kampf gegen den Terror im Libanon für die USA führen und vor allem gewinnen. Doch dieses Kriegsziel wurde nicht einmal im Ansatz erreicht. Eine weitere Niederlage für die Neocons, die bereits durch das Desaster im Irak ihre gesamte Glaubwürdigkeit verloren haben. Und eine bittere Niederlage für Israel mit möglicherweise verheerenden Folgen. Denn zum ersten Mal wurde Israel des Nimbus der Unbesiegbarkeit beraubt.

Eine Folge dieser problematischen Allianz: ein massives und stetiges Anwachsen des Antisemitismus weltweit. Da einige der neokonservativen Vordenker der ersten Amtsperiode Bushs Juden waren, wie Paul Wolfowitz, Richard Perle, Robert Kagan, lag es nahe, dass Islamisten ebenso wie linke Gruppen vor allem in Europa von einem neuen jüdischen internationalen Komplott sprachen. Die seit dem 19. Jahrhundert existierende Phantasie, die Welt sei bedroht durch eine »Jüdische Verschwörung«, fand hier ihren neuen, modernen Ausdruck. Aufgekommen war diese antisemitische Formel im zaristischen Russland, als die Geheimpolizei die sogenannten »Protokolle der Weisen von Zion« veröffentlichte, um Zar Nikolaus II. davon zu überzeugen, dass der Liberalismus eine Gefahr für das Land darstellt.

Der Nationalsozialismus griff diese Schimäre auf und stützte sein gesamtes Weltbild auf diese Verschwörungstheorie; und selbst in der stalinistischen Sowjetunion war man nicht frei von solchen Wahnideen, die den Antizionismus beförderten. Demzufolge konnte und musste jeder Jude als Agent Israels eingestuft werden. Die stalinistischen Schauprozesse nach dem Zweiten Weltkrieg waren ein Resultat dieser Verschwörungsvorstellungen.

Nun, die Allianz der beiden Demokratien Amerika und Israel, die im Gegensatz zu den europäischen Demokratien weniger zimperlich im Einsatz von Waffen zur Durchsetzung ihrer politischen Ziele waren und sind, wurde immer stärker. Dies ist übrigens eine Strategie, die, genau wie das europäische Zögern, ironischerweise ebenso eine unmittelbare Folge des Zweiten Weltkrieges ist. Die Europäer, vor allem die Westeuropäer hatten nach den verheerenden Folgen der Nazi-Diktatur genug von Krieg und Zerstörung, die Amerikaner sahen ihren Sieg als Beweis an, dass man mit militärischer Macht menschenverachtende Diktaturen nicht nur stürzen kann, sondern auch muss. Und der jüdische Staat kannte und kennt nur noch eine Doktrin: nach Auschwitz nie wieder Opfer! Diese erstarkte Allianz gab nun scheinbar neue Nahrung für das alte Vorurteil, dass die Juden die Welt beherrschen wollen. So wurde der Begriff »Neokonservativer« bald zu einem Synonym für »Jude«. Immer häufiger erschienen selbst in den USA kritische Artikel und Studien, wie etwa im März 2006 von den beiden Harvard-Professoren John J. Mearsheimer und Stephen M. Walt »The Israel Lobby and U. S. Foreign Policy«. Darin behaupten die beiden Autoren, die Neocons würden die israelischen Interessen vor die nationalen Interessen der USA stellen. In der europäischen Linken, die seit dem 6-Tage-Krieg von 1967 traditionell auf der Seite der Palästinenser steht und Israel kritisiert, häufig nicht mit sachlichen, sondern antijüdischen Argumenten, ist der Anti-Amerikanismus seit dem Vietnam-Krieg Teil des intellektuellen Arsenals. Die vermeintliche Macht der amerikanischen Juden, die »Wall-Street-Mafia«, das »internationale Finanzjudentum«, all diese antisemitischen Klischees lassen sich mehr oder weniger deutlich im linken Diskurs wiederfinden, wenn es darum geht, amerikanische Politik zu kritisieren. Seitdem George W. Bush die amerikanische Politik dank seiner konservativen Revolution grundlegend verwandelt hat, ist das antisemitische Argument in der öffentlichen, oftmals schrillen Debatte immer häufiger zu hören. Das führt nicht nur zu einer massiven Schwächung der israelischen Interessen, die ja zu Recht von Sicherheitsfragen bestimmt sind. Es droht mittlerweile eine Isolierung Israels, die ausgerechnet Präsident Bush mitzuverantworten hat. Denn eine neue Bedrohung ist inzwischen am Horizont aufgetaucht: die Nuklearisierung des Iran, dessen Präsident Ahmadinejad inzwischen unverhohlen die Vernichtung Israels propagiert. Er

verkündet nicht nur immer wieder das bald bevorstehende
Ende des »zionistischen Regimes«, sondern erklärt offen und
aggressiv, dass er Israel »von der Landkarte tilgen« möchte.
Der jüdische Staat sieht sich einer Bedrohung ausgesetzt, die
es in dieser Größenordnung seit dem Holocaust nicht mehr
gegeben hat. Dank des amerikanischen Debakels im Irak ist
es unwahrscheinlich geworden, dass die USA gegen Teheran
in den Krieg ziehen werden. Die Europäer, die sich in ihrer
Haltung zum Iran-Problem gänzlich uneinig sind, sind militärisch sowieso nicht ernst zu nehmen und werden Israel im
Falle eines Angriffs sicher nicht verteidigen. Somit sieht sich
Israel in einer möglichen Konfrontation mit dem nuklearen
Vernichtungspotential der Iraner alleingelassen. Eine fatale
Entwicklung, die ihren Ursprung in der politischen Reaktion
der USA auf 9/11 hat.

Die israelischen Siedler

Gush Emunim, der »Block der Getreuen«, wie sich die israelische Siedlerbewegung nennt, entstand kurz nach dem 6-Tage-Krieg 1967. Damals eroberte und besetzte Israel Territorium Jordaniens (die Westbank und Ostjerusalem), Syriens (die Golanhöhen) und Ägyptens (die Sinai-Halbinsel und den Gazastreifen).

Die Ideologie des Gush Emunim basiert auf den Lehren Rabbi Abraham Kooks und mehr noch seines Sohnes Rabbi Zwi Yehuda Kook, mit dem die ersten Siedler noch studiert hatten.

Jahrzehntelang hatte die jüdische Orthodoxie den weltlichen Zionismus als unerlaubten Widerstand gegen die Bestrafung Gottes angesehen. Denn Gott selbst habe seine Kinder ins Exil, in die Diaspora verbannt und dort sollten sie verbleiben, bis der verheißene Messias kommt und sie alle wieder zurück nach Zion holt.

Vater und Sohn Kook aber betrachteten den Zionismus gänzlich anders. Sie verstanden die säkularen Zionisten als »Handwerkszeug« Gottes. Die Eroberung des Landes Israel sei zweifelsohne der Anfang des »messianischen Zeitalters«, das schließlich mit der Ankunft des Messias vollendet werde. Der »Block der Getreuen« glaubt, dass die Ankunft des Messias durch die jüdische Siedlungstätigkeit auf jenem biblischen Land, das Gott den Juden verheißen hat, beschleunigt werden könne.

Ausschlaggebend für die Entwicklung dieser Form der religiösen Siedlungstätigkeit war die Tatsache, dass mit der Eroberung der oben genannten Gebiete 1967 der »Staat Israel« fast identisch wurde mit dem biblischen »Land Israel«. Denn nicht Tel Aviv ist biblisch, sondern die Gegend um Nablus (in der Thora: Schechem), Hebron etc. Vor allem die sogenannte Westbank also ist das eigentliche biblische Israel. Und mit der Eroberung der bis heute besetzten Gebiete eroberte Israel zugleich die wichtigsten jüdischen Heiligtümer: den Tempelberg mit der »Klagemauer«, der Westmauer des einstigen jüdischen Heiligtums, das Grab der Stammmutter Rachel bei Bethlehem, die Höhle Machpela in Hebron, wo Abraham und seine Nachkommen begraben sein sollen. Damit erst nahm die Theologisierung der israelischen Politik ihren Anfang.

Unmittelbar nach dem 6-Tage-Krieg war die israelische Politik noch eindeutig. Sie verbot jüdische Siedlungen innerhalb der besetzten Gebiete, sogar die Wiederansiedlung von Juden in jenem Gebiet, das bis 1948 jüdisch war und dann im Unabhängigkeitskrieg verloren wurde: Kfar Etzion zwischen Jerusalem und Bethlehem. Die Siedlerbewegung versuchte dennoch immer wieder, in diesen Gebieten Fuß zu fassen und wurde jedes Mal aufs Neue von der israelischen Regierung gewaltsam vertrieben. Doch mit der Zeit, als Friedensgespräche mit den Arabern nicht zustande kamen, änderte Israel allmählich seine Politik und hob das Verbot der Besiedlung auf.

Das geschah unter der Herrschaft der Arbeitspartei von 1967 bis 1977, als der rechte Likud mit seinem damaligen Vorsitzenden Menachem Begin zum ersten Mal die Parlamentswahlen gewann. Bis dahin waren schon mehr als 30 Siedlungen gegründet worden.

Der schier unglaubliche Sieg 1967 hatte ganz Israel in eine heute kaum noch vorstellbare Euphorie versetzt. Nach dem Holocaust, vor allem aber auch nach der heftigen Bedrohung durch den damaligen ägyptischen Staatspräsidenten Nasser, der angekündigt hatte, die »Juden ins Meer zu werfen«, war der Sieg, noch dazu in so kurzer Zeit, wie ein Wunder erschienen, bei dem Gott seine Hand mit im Spiel gehabt haben musste. Selbst hartgesottene Agnostiker unter den linken Israelis wurden plötzlich unsicher, ob Gott nicht vielleicht doch existiert.

Die Arbeitspartei und die Nationalreligiöse Partei mit dem »Block der Getreuen«, die von ihr unterstützt wurde, übersahen, im wahrsten Sinne des Wortes, ihre politischen und ideologischen Differenzen. Man sah nur die Westmauer des Tempels, die atemberaubende Schönheit der Wüste in Judäa (die Westbank wird in der Thora Judäa und Samaria genannt) und im Sinai; man sah die biblischen Orte in Samaria – alles war irgendwie mystisch: 32 Jahre nach Auschwitz hatte das jüdische Volk nicht nur wieder eine Heimstatt, sondern auch seine Heiligtümer und die Wiege seiner Kultur zurückerhalten! Nein, nicht nach 32 Jahren – nach 2000 Jahren, denn so lange hatte man ja in der Diaspora verweilt. Dieses Wunder war zu groß, um es ausschließlich mit rationalen Mitteln zu begreifen.

Die ältere Partei, die Arbeitspartei, betrachtete die jüngere Bewegung, die Siedler, mit einer gewissen Sentimentalität und sogar mit Liebe. In gewisser Weise taten die religiös motivierten Siedler genau dasselbe, was die jungen sozialistischen Zionisten ja einst auch getan hatten: Land zu besiedeln und aufzubauen, damals noch unter türkischer und später dann britischer Herrschaft. Dennoch kam es zu Konfrontationen zwischen Regierung und Siedlerbewegung. Die Regierung war zögerlich und vorsichtig bei der Besiedlung, sie fürchtete internationalen Druck gegen eine mögliche Annektierung der Gebiete. Die Siedler dagegen interessierte diese Feigheit nicht, sie drängten in ihrem messianischen Eifer darauf, das heilige Land so schnell wie möglich vorzubereiten für die Ankunft des Messias.

Die Arbeitspartei versagte. Es gelang ihr nicht, die entscheidende Frage zu beantworten, die der damalige amerikanische Präsident Lyndon B. Johnson Ministerpräsident Levi Eshkol stellte: Was für ein Israel wollt ihr eigentlich? Eshkol dachte damals, es sei zu früh, diese Frage zu beantworten. Die Araber seien nicht bereit zu verhandeln, Israel werde an Ort und Stelle bleiben und basta. Aber seine Partei konnte nicht einmal die Frage beantworten, was das denn heißt: an Ort und Stelle bleiben. Sie war zerrissen zwischen zwei sich gegenseitig bekämpfenden Konzepten. Das eine, das später als »Jordanische Option« bekannt wurde und zunächst von Yigal Allon, dem Kriegshelden von 1948, befürwortet wurde, sah vor, das Jordantal zu besiedeln. So wollte man die dicht besiedelte arabische Bergkette »umzingeln« und später durch einen Landkorridor mit Jordanien verbinden.

Das andere Konzept, das von Moshe Dayan, dem Kriegshelden von 1967, favorisiert wurde, war die »unsichtbare Okkupation« und das genaue Gegenteil der »Jordanischen Option«: Man solle die Bergkette besiedeln, um so territoriale Konzessionen in der Zukunft zu verhindern. Und man solle mit der arabischen Bevölkerung (kein einziger israelischer Politiker wäre damals auf die Idee gekommen, diese Menschen »Palästinenser« zu nennen!) in der Form umgehen, dass sie zwar weiterhin die jordanische Staatsbürgerschaft behielten, sich aber unter israelischer Herrschaft befanden. Dayan wollte allerdings auch deren wirtschaftliche Integration. Sein Ziel war eine wohlwollende und pragmatische Form der Besatzung, die für materiellen Wohlstand auch der arabischen Bevölkerung sorgen sollte. (Auf Arabisch heißen die Siedlungen übrigens Mustawtanaat, die Siedler Mustawtineen. Wörtlich bedeutet das »Kolonien«. Der Begriff versucht die Menschen in den Kolonien zu beschreiben. Das sind, aus der Sicht der Palästinenser, Ausländer, die nicht im historischen Palästina geboren wurden. Mit diesem arabischen Wort drückt sich auch ein Gefühl des Widerstandes gegen die Juden aus, die plötzlich – wie Kolonisatoren – ins Land gekommen sind.)

Für die Siedlerbewegung war die Lage geradezu ideal. Während die Arbeitspartei noch unentschlossen zwischen den beiden Plänen hin- und herlavierte, nutzten die Siedler diese Unsicherheit, um Fakten zu schaffen. Wo immer sie konnten, manipulierten sie ein zerstrittenes Kabinett. So konnten die Gebiete allmählich ganz willkürlich besiedelt werden.

Die erste Siedlung in der Westbank wurde in Gush Etzion errichtet, also dort, wo bis 1948, ganz nahe an der heutigen Grünen Linie, die die Waffenstillstandslinie von 1949 ist, Juden lebten. Diese Siedlung konnte einfach als »Rückkehr« auf jüdisches Gebiet angesehen werden. Zugleich war es biblisches Land. Hanan Porat, der »erste Siedler« und spätere Parlamentsabgeordnete der Nationalreligiösen Partei, der diese Siedlung initiierte, kam persönlich und buchstäblich »zurück nach Hause«. Er war während des Unabhängigkeitskrieges von dort evakuiert worden, ehe die Jordanier das Gebiet erobern konnten. Damals war er ein kleines Kind, im 6-Tage-Krieg ein Fallschirmspringer und Student von Rabbi Kook.

Während die Siedlerbewegung mit der Regierung Katz und Maus spielte, tat die regierende Arbeitspartei in altbekannter Manier der vorstaatlichen Ära dasselbe mit den Großmächten. Um internationalen Protest zu verhindern, erklärte Premier Eshkol Gush Etzion zum militärischen Sicherheitsposten. Das war – anders als eine zivile Siedlung – unter internationalem Recht möglich und rechtens.

In den ersten sechs Jahren der Siedlungstätigkeit konnte diese »Nicht-Politik«, die durch Konfusion, mystische Gefühle, politische Kurzsichtigkeit und Nostalgie bestimmt war, die Spannungen zwischen den unterschiedlichen israelischen Fraktionen erträglich machen. Doch dann kam der überraschende arabische Angriff im Jom-Kippur-Krieg 1973, und schlagartig war es vorbei mit der großen Euphorie. In der verbitterten Stimmung unmittelbar nach dem Krieg, der 2000 Israelis das Leben gekostet hatte und die regierende Arbeitspartei in eine tiefe Krise stürzte, verdoppelten die Siedler ihre Anstrengungen. Sie wollten nun die Ankunft des Messias auf das Schnellste erzwingen, um so das Land aus seiner Erstarrung, seiner Gelähmtheit zu befreien. Wiederum fand sich der »Block der Getreuen« einer Regierung gegenüber, die in sich gespalten war. Ministerpräsident Jitzhak Rabin, der strikt gegen eine Besiedlung des von Arabern dicht bewohnten Samaria war, wurde von seinem eigenen Verteidigungsminister, Shimon Peres, hintergangen. Peres half damals aktiv mit, Fakten und Tatsachen in den besetzten Gebieten zu schaffen.

Langsam, aber sicher gewannen die Siedler immer mehr Grund. Das ist ganz wörtlich zu verstehen, aber auch im übertragenen Sinne. 1977 übernahm Menachem Begin mit dem rechtsgerichteten Likud die Macht. Er koalierte mit der Nationalreligiösen Partei. Und dies bedeutete einen enormen Auftrieb für die Siedler, die nun ganz offiziell von der neuen israelischen Regierung in ihren Bemühungen unterstützt wurden.

Von nun an wurden Siedlungen in unmittelbarer Nachbarschaft zu palästinensischen Dörfern und Städten errichtet, man besiedelte die Gipfel von Bergketten und Hügeln, um so den strategischen Überblick über die Hauptstraßen und die arabischen Zentren zu haben. Die Regierung unterstützte die Siedler mit Millionen, um den Häuserbau und die dazugehörige Infrastruktur zu ermöglichen. Zusätzlich bot die Regierung ihren Bürgern Anreize. Sie garantierte niedrigste Kosten beim Kauf von Häusern in Siedlungen, die ganz in der Nähe der Grünen Linie waren, um diese dadurch aufzulösen. So zog man allmählich völlig unideologische Israelis in die besetzten Gebiete, die es sich nicht leisten konnten, in den israelischen Ballungszentren ein Haus oder eine Wohnung zu kaufen. Auf diese Weise begann man die Grenze Israels stetig nach Osten zu schieben. Die führende Kraft hinter diesem Plan war der damalige Verteidigungsminister und spätere Wohnungsbauminister Ariel Sharon.

Eine der problematischsten und absurdesten Siedlungen ist die von Hebron. Hebron ist für Juden wie Muslime gleichermaßen bedeutend. Dort befinden sich die Gräber der Patriarchen, der Stammväter und Stammmütter Abraham, Sarah, Jitzhak, Rebekka, Jakob und Leah.

Am Pessachfest 1968 traf eine kleine Gruppe religiöser Siedler in Hebron ein. Sie buchten Zimmer in einem Hotel, um dort Pessach zu feiern, und erklärten daraufhin die erneute Etablierung einer jüdischen Präsenz in Hebron, wo es einst eine große jüdische Gemeinschaft gab, die bei einem Massaker im Jahre 1929 von der arabischen Bevölkerung fast vollständig ermordet wurde. Die Regierung duldete diese Ansiedlung, die von dem radikalen Rabbiner Moshe Levinger angeführt wurde. Zwei Jahre später, um rechtliche Probleme bei dem Erwerb von Land für die Siedlung Kiryat Arba direkt bei Hebron zu vermeiden, übernahm die Armee das Land als Militärbasis. Danach, als die Siedler sich niedergelassen hatten, zog sich das Militär still und leise zurück. Die Basis für eine neue Stadt war geschaffen.

Doch die Siedler wollten sich nicht damit abfinden, dass die jüdische Präsenz in Hebron lediglich mit einer Siedlung direkt neben der Stadt vertreten sein sollte. 1979 machte sich die Frau von Rabbi Levinger daran, zusammen mit 30 jüdischen Frauen das Daboya Krankenhaus (jetzt als Beit Hadassah bekannt) mitten im Zentrum von Hebron zu übernehmen. Lange bevor die israelische Regierung dies akzeptieren konnte, hatten die Siedler weitere jüdische Enklaven in der Stadt geschaffen – mit Hilfe der Armee! Inzwischen gibt es rund zwanzig solcher jüdischer Siedlungszentren in und um Hebron.

Um das alles möglich zu machen, hatte die israelische Besatzungsverwaltung Palästinenser aus ihren Häusern vertrieben. Allerdings waren manche dieser Häuser vor 1929 in jüdischem Besitz gewesen. Man schloss palästinensische Geschäfte, und bis heute werden wichtige, vitale Handelsviertel in Hebron zugunsten der Siedler kaputt gemacht. Innerhalb des Kommunalverwaltungsgebiets Hebron leben heute rund 500 Juden, in Kiryat Arba rund 5000. In Hebron-Stadt allein leben rund 150 000 Palästinenser.

Nablus, oder biblisch: Schechem, ist wie Hebron ebenfalls ein wichtiger Ort der jüdischen Geschichte. In der Thora heißt es:»Und Abram durchzog das Land bis zur Stätte von Schechem, bis zur Eiche des Weisers (Moreh) – und der Kanaanäer war damals im Land. Da erschien der Ewige Abram und sprach: ›Deinen Samen will ich diesem Land geben.‹ Da erbaute er dort einen Altar dem Ewigen, der ihm erschienen.« (Gen. 12, 6–7)

Schechem ist also der erste Ort, an dem Abraham mit Sarah, Lot und dem restlichen Tross das erste Mal anhielt, als er nach Kanaan kam. Gott erneuerte an dieser Stelle mit Abraham seinen Bund, den er in Ur geschlossen hatte, als er ihm erklärte, dass ihm das Land Kanaan gehören werde. In Schechem sollen übrigens auch die Gebeine von Josef begraben sein. Dorthin brachte man die sterblichen Überreste des Lieblingssohnes von Jakob, der in Ägypten dem Pharao nicht zuletzt als Traumdeuter diente.

Das Grab, oder das, was man für das Grab des Josef hält, ist heute öd und verlassen. Es wird von der israelischen Armee bewacht und ab und zu kommen Bratslawer Chassidim, um dort zu beten und zu tanzen, obwohl dies lebensgefährlich ist und die Armee sie daran zu hindern versucht.

Während der Zweiten Intifada war das Grab ein heiß umkämpfter Ort. Die palästinensische Polizei übernahm kurzfristig das Heiligtum. Sie lieferte sich mit der israelischen Armee ein Gefecht, bei dem ein israelischer Soldat an seinen Wunden starb, da die israelischen Truppen nicht in der Lage waren, ihm zur Hilfe zu eilen.

Um Nablus herum befinden sich größere Siedlungen wie Eilon Moreh (dort soll sich die biblische Eiche befunden haben) und Har Bracha. Vom Kernland Israel aus befinden sich auf dem Weg nach Nablus die Siedlungen Itzhar, Tapuach, Kdumim, Karnei Shomron und viele andere. Ihre Bewohner werden als extrem radikale Siedler angesehen und die israelische Regierung ist sich bewusst, dass im Falle eines Friedensvertrages mit den Palästinensern diese Siedler wohl nur mit massiver Gewalt vertrieben werden können.

Ramallah und El Bireh sind beides Städte, die von christlichen Familien zu Beginn des 16. Jahrhunderts gegründet wurden. Viele Einwohner können bis heute ihren Stammbaum auf die acht Gründer der Städte zurückführen. Um diese blühenden Städte herum haben die Siedler ebenfalls wichtige Siedlungszentren gebaut: Psagot, das direkt oberhalb von El Bireh liegt, Beit El, das östlich von Ramallah liegt, und Ofra im Norden, auf der Straße nach Nablus. Diese Siedlungen wurden auf Ackerland gebaut, das dort ansässigen Familien gehörte. Die Siedlungen gehören zur »Regionalverwaltung von Binjamin« – man benutzt gerne die biblische Landkarte der zwölf Stämme. Der Leiter der Behörde ist Pinchas Walerstein, einer der ersten Siedler des Gush Emunim, der 1988 einen 14-jährigen Palästinenser, der Steine auf ihn geworfen hatte, erschoss. Er wurde lediglich zu vier Monaten verurteilt. Das ist typisch für die Gesetzlosigkeit, die in den besetzten Gebieten herrscht und die den Status der Palästinenser gegenüber den Siedlern deutlich macht.

Nach dem jüdischen Gesetz sind die Golanhöhen ein Teil Kanaans und daher als heiliger zu bewerten als manche Teile des östlichen Jordanufers. Die Golanhöhen gehörten zum französischen Mandatsgebiet, das von 1924 bis 1944 Syrien mit einschloss, und wurden nach dem Abzug der Franzosen Teil des unabhängigen Syrien.

Vor dem 6-Tage-Krieg dienten die Golanhöhen, die etwa 1000 Meter über dem israelischen Staatsgebiet von 1967 liegen, den Syrern als Artilleriestellung, von der aus israelische Landwirtschaftseinrichtungen beschossen wurden.

Unmittelbar nach dem 6-Tage-Krieg begann Israel den Golan zu besiedeln. Bereits im Juli, also gerade mal einen Monat nach Kriegsende, wurde der Kibbuz Merom Golan gegründet. 1970 gab es auf dem Golan bereits zwölf Siedlungen, 2004 waren es 34 mit rund 18 000 Bewohnern. 1981 verabschiedete die Regierung von Menachem Begin das Gesetz, mit dem der Golan annektiert wurde. Damit erhielten die dort lebenden Drusen die Erlaubnis, die israelische Staatsbürgerschaft anzunehmen. Doch die meisten wollten und wollen ihren syrischen Pass nicht abgeben. Auch wenn dank der Annektierung auf dem Golan kein Besatzungsrecht gilt und man somit tut, als ob die Region tatsächlich Teil Israels sei: Die Annektierung ist international niemals anerkannt worden. Und in der jüngsten Vergangenheit, wenn Israel mit Syrien verhandelte, stand stets die Rückgabe des Golans im Mittelpunkt der Gespräche. Selbst Israel ist sich also im Klaren, dass die Annektierung der Berghöhe auf Dauer nicht möglich ist.

Wenn man heute auf die Entwicklung der Siedlerbewegung zurückschaut, so zeigt sich, dass sich der Plan von Moshe Dayan durchgesetzt hat. Jüdische Siedlungen sind heute überall in den besetzten Gebieten etabliert, in und um palästinensische Städte, auf den Bergen und entlang des Jordans. Mit dem Kernland Israel wurde in vielen Teilen eine territoriale Einheit geschaffen. Die lokale palästinensische Wirtschaft hatte man ursprünglich mit in die israelische einbezogen, tatsächlich ist Israel sogar heute noch der wichtigste Partner für Arbeit und Güter und alle möglichen anderen Aspekte des Zivillebens.

Allein in der Westbank gibt es heute 121 Siedlungen. 2005 wurden lediglich vier in der Gegend von Jenin, im nördlichen Samaria, evakuiert, als Ariel Sharon den Gazastreifen mit seinen rund 8000 Siedlern vollständig räumen ließ.

Derzeit leben rund 400 000 Siedler in den besetzten Gebieten, davon rund 120 000 im annektierten Ostjerusalem, 260 000 in der Westbank und rund 18 000 auf dem Golan. Die meisten Siedlungen sind sogenannte »Schlafstätten«, das heißt, die Menschen fahren am Morgen in die israelischen Ballungszentren und kehren abends in die Siedlungen zurück. Es gibt kaum Industrie oder Tourismus. Bis 2003 haben die israelischen Regierungen doppelt so viel Geld in die Siedlungen investiert wie in die jüdischen Gemeinden innerhalb der Grünen Linie – und dreimal so viel wie in die arabisch-israelischen Gemeinden.

1980 hat eine Gruppe radikaler Siedler in den Autos von drei palästinensischen Bürgermeistern Bomben installiert, um so die Feindseligkeiten zwischen Israelis und Palästinensern zu befördern. Dieselbe Gruppe versucht auch immer wieder, die Al-Aksa-Moschee in die Luft zu jagen. Der israelische Inlandsgeheimdienst tut alles, um diese Katastrophe zu verhindern. Die Gruppe will eine Apokalypse erreichen, den »totalen Krieg« zwischen der muslimischen Welt und Israel, denn nur dann kommt, so der Glaube, endlich der Messias, um die Erlösung einzuleiten.

Interessant ist, dass es im schiitischen Denken ebenfalls eine Richtung gibt, die davon überzeugt ist, man müsse die Apokalypse herbeizwingen, um die Rückkehr des 12. Imam zu beschleunigen. Ein berühmter Anhänger dieser Idee: Irans Präsident Ahmadinejad …

Von den jüdischen Extremisten wurden nach den Attentaten auf die Bürgermeister 29 verurteilt. Drei erhielten lebenslänglich, die übrigen bis zu sieben Jahre Gefängnis. Heute sind sie alle wieder frei, nachdem großer politischer Druck auf

Präsident Chaim Herzog ausgeübt wurde. Er erteilte ihnen Amnestie. Dies zeigt, wie das politische Klima in Israel sich gewandelt hat. Gewalt gegen Palästinenser als sogenannte Reaktion auf palästinensischen Terrorismus ist gerechtfertigt. Dieser Mangel an Gesetzlichkeit in den besetzten Gebieten hat dazu geführt, dass Siedlungen wie Itzhar, Tapuach, die jüdischen Viertel in Hebron und andere außerhalb des Gesetzes stehen. Was immer die Siedler gegen die Palästinenser tun – der Staat greift so gut wie nicht ein. Jeder Versuch, die Siedlungen zu betreten und Verdächtige zu verhaften, wird mit massiver Gewalt seitens der Siedler beantwortet. Meist ziehen sich Armee oder Polizei unverrichteter Dinge wieder zurück.

Das erklärt auch, warum es inzwischen so schwierig geworden ist, illegale Außenposten von Siedlungen aufzulösen. Nach einer Kabinettsentscheidung und vor allem nach Zusagen, die man gegenüber der US-Administration gemacht hat, ist Israel eigentlich verpflichtet, alle illegalen Siedlungen aufzulösen. Nach einer Untersuchung des Talia Sasson Komitees, die von der Sharon-Regierung in Auftrag gegeben wurde, gibt es heute rund 100 illegale Siedlungen in der Westbank, die alle nach 2001 entstanden sind. Die meisten bestehen aus lediglich zwei, drei Containern!

Die Roadmap, der offiziell immer noch gültige Friedensplan, sieht eigentlich vor, dass die Siedlungen verschwinden müssen, doch die Geschichte lehrt, dass diese Außenposten irgendwann doch legalisiert und damit zu neuen anerkannten Siedlungen werden. Es war ausgerechnet Ariel Sharon, der den Siedlern einst diese Taktik beigebracht hatte, jener Sharon, der der erste Ministerpräsident war, der Siedlungen auflöste.

Obwohl die aktuelle Regierung sich im Klaren über die Problematik ist, unterstützt auch sie die illegalen Ansiedlungen finanziell und baut sogar Zufahrtswege. Die Armee wird zum Schutz der Radikalen geschickt, man versorgt sie mit Strom und Wasser. Und das alles auf Kosten der Steuerzahler, von denen die meisten gegen die Siedlungen sind.

Wie gefährlich die Räumung einer illegalen Siedlung in der Tat sein kann, zeigte sich 2006, als es zu brutalen Schlachten zwischen Polizei und Siedlern in der Siedlung Amona in der Westbank kam.

Es stellt sich die Frage, wieso die ideologischen Siedler, die ja nur einen kleinen Teil der Siedlerzahl ausmachen und einen noch kleineren Teil der israelischen Bevölkerung, wieso diese Siedler seit Jahrzehnten in der Lage sind, die israelische Politik in den besetzten Gebieten so massiv zu beeinflussen, ja, letztlich zu bestimmen. Es gibt mehrere Antworten. Die großen Parteien in Israel benötigten für ihre Koalitionen immer wieder religiöse Parteien, unter denen die NRP, die Nationalreligiöse Partei, auch »Mafdal« genannt, der wichtigste Partner des »Gush Emunim« ist. Da die religiösen Parteien in den vergangenen zwanzig Jahren politisch immer weiter nach rechts rückten, gab es bei Koalitionsverhandlungen kaum Möglichkeiten, die Siedlungen zu stoppen. Der Preis musste von jeder großen Partei an den kleinen Koalitionspartner bezahlt werden.

Als nach dem Oslo-Friedensprozess und der Ermordung von Ministerpräsident Jitzhak Rabin die Träume der Linken allmählich zerplatzten, als sich Friedensnobelpreisträger Jassir Arafat letztendlich doch als Finanzier des Terrors entpuppte, hatten die »Peaceniks« von Tel Aviv der Ideologie der Rechten nichts mehr entgegenzusetzen. Es gibt keinen Partner auf der anderen Seite, es hat noch nie einen Partner bei den Palästinensern gegeben – so lautete das Credo aller rechten Parteien in Israel seit Jahrzehnten. Nun sah es tatsächlich so aus, als ob dies die Wahrheit sei.

Als während der Zweiten Intifada ab Oktober 2000 palästinensische Selbstmordattentäter sich nicht nur in den besetzten Gebieten, in den Siedlungen in die Luft jagten, sondern auch in Tel Aviv und Netanja, in Nahariya und Haifa, fragten sich selbst die friedenswilligsten Linken im Bohemien-Viertel um die Sheinkin-Straße in Tel Aviv, warum die Palästinenser nicht zwischen ihnen und den Siedlern einen Unterschied machten. Oder anders: Wenn die Palästinenser zwischen Tel Aviv und Tapuach oder Ariel oder Maale Adumim keinen Unterschied machen, dann können die Siedler eigentlich gleich dort bleiben, wo sie sind. Es macht keinen Unterschied, und jede Aufgabe von Land wird mit weiteren Bomben »belohnt«.

Tatsächlich hat sich dieser Eindruck bei den Israelis nach dem Abzug aus Gaza verstärkt. Nach 38 Jahren hatten die Siedlungen um Gush Katif aufgehört zu existieren. Das Ergebnis: Tausende von palästinensischen Kassam-Raketen prasseln inzwischen auf die israelischen Grenzstädte wie Sderot herab, die sich innerhalb des Kernlandes Israel befinden, also innerhalb jenes Territoriums, das die internationale Staatengemeinschaft als »Israel« anerkennt.

Kein Wunder, dass die Bereitschaft, sich aus der Westbank zurückzuziehen, heute geringer ist denn je. Was, wenn man dies täte? Werden dann täglich Kassam-Raketen auf Tel Aviv abgefeuert? Leider muss diese Frage zum heutigen Zeitpunkt mit einem wahrscheinlichen Ja beantwortet werden.

Es war der junge Ariel Sharon, der ein solches Szenario immer vorhersagte und deswegen für die Siedlungen einstand. Und so findet man heute eine »Linke« nur noch bei den Protesten gegen den Sperrzaun, den Ariel Sharon in der Westbank errichten ließ, um nach den Dutzenden von Terroranschlägen innerhalb Israels Palästinenser und Israelis »endgültig« zu trennen. Der Sperrzaun, der immer noch nicht ganz fertig gestellt ist, ist immer weiter nach Osten ausgedehnt worden, um möglichst viele Siedlungen auf die israelische Seite zu bringen für den Fall, dass eines Tages diese Linie eine mögliche Grenze zu Palästina sein könnte. Wieder versuchte man Fakten zu schaffen. Die Linke protestiert heute noch gegen den Verlauf des Zauns – aber nur noch dagegen. Sollte der palästinensische Terror nicht aufhören, wird die Linke auch diesbezüglich verstummen. Von den meisten Israelis wird der Sperrzaun bereits jetzt akzeptiert. Seit seiner Errichtung ist die Zahl der Selbstmordanschläge in Israel drastisch zurückgegangen. Eine Mauer kann man eines Tages wieder entfernen, argumentieren die Israelis, ein Toter kann aber nicht mehr zum Leben erweckt werden.

Israelische Araber

Im Jahr 1947 entschied die UNO, Palästina solle in zwei Staaten geteilt werden: einen jüdischen und einen arabischen Staat. Die zionistische Bewegung und die lokale jüdische Führung in Palästina nahmen diese Entscheidung sofort an, obwohl der Teil Palästinas, den die Juden erhalten sollten, wesentlich kleiner war als das, was Israel später, nach dem Unabhängigkeitskrieg 1948, ausmachte und heute als »Kernland Israel« international akzeptiert wird. Die Araber lehnten den Teilungsplan damals unisono ab.

Am 15. Mai 1948 verkündete Israel seine Unabhängigkeit mit der Folge, dass arabische Armeen und Milizen unmittelbar eine Offensive gegen den jungen Staat eröffneten. Israel eroberte in diesem Krieg das westliche Galiläa, Jerusalem und Teile der Negev-Wüste, Gebiete, die ursprünglich dem arabischen (palästinensischen) Staat zugedacht waren. Der Teilungsplan war nun Makulatur. Ein unabhängiger palästinensischer Staat rückte in weite Ferne, das dafür vorgesehene Gebiet wurde zwischen Israel, Ägypten und Jordanien aufgeteilt.

Innerhalb der israelischen Grenzen von 1948 lebten nun rund 150 000 Araber. Zum Vergleich: Im britischen Mandatsgebiet Palästina waren es zuvor 900 000. Die meisten von ihnen wurden gezwungen zu fliehen oder waren freiwillig gegangen. Sie wurden in Flüchtlingslagern in Jordanien, Ägypten und Libanon untergebracht.

Palästinensische und auch einige israelische Historiker, wie etwa Ilan Pappe, beschäftigen sich seit Jahren mit der Geschichte der palästinensischen Flüchtlinge. Die Frage, inwiefern Israel diese tatsächlich vertrieben hat, ist heute weitestgehend geklärt. Ja, viele gingen freiwillig, wurden von der arabischen Propaganda angehalten, ihre Dörfer zu verlassen, um dann nach dem »Endsieg« zurückzukehren, doch anders als die zionistische Propaganda dies jahrzehntelang behauptet hat, gab es tatsächlich Vertreibungen. Historiker wie Pappe können sich mittlerweile auf veröffentlichte israelische Dokumente berufen: »In nur sieben Monaten wurden 531 Dörfer zerstört, 11 städtische Nachbarschaften wurden ihrer arabischen Bevölkerung entledigt. Die Massenvertreibung wurde begleitet durch Massaker, Vergewaltigungen und Gefangennahme der Männer in Arbeitslager über einen Zeitraum von einem Jahr.«

Die enorme Abnahme der Anzahl von Arabern innerhalb Israels, das Auseinanderreißen von Familien, die sich plötzlich auf beiden Seiten der neuen Grenze wiederfanden, der Verlust von Land und Häusern wird von allen Palästinensern, selbst von jenen, die heute innerhalb Israels leben, als »al-Nakba« bezeichnet, als Desaster, als »totale Katastrophe«.

Vom Ende des »Unabhängigkeitskrieges« (oder eben: der »Nakba«) bis zum Jahr 1966 unterstanden die Araber in Israel dem Militärgesetz. Das schränkte ihre Bewegungsfreiheit massiv ein. Für jede Reise, die eine bestimmte Distanz überschritt, mussten sie sich eine Erlaubnis des Militärgouverneurs einholen. Das Militärgesetz ermöglichte es auch, ohne Ankündigungen oder Erklärungen Ausgehsperren zu verhängen, Menschen in Verwaltungshaft zu nehmen, sie sogar noch nach dem Krieg zu vertreiben. Das Kriegsrecht wurde für die arabische Bevölkerung, die in überwiegend jüdisch bewohnten Städten lebten, alsbald aufgehoben, für alle anderen, etwa in rein arabischen Dörfern, galt es bis 1966.

In jener Zeit wurden gesetzliche Maßnahmen ergriffen, die den Transfer von Grund und Land, das im Zuge der Vertreibungen während des Krieges verlassen worden war, in Staatseigentum ermöglichte. So wurde 1950 zum Beispiel das Gesetz für »Verlassenes Eigentum« geschaffen, demzufolge der Staat das Recht erhielt, die Kontrolle über Grundstücke zu übernehmen, die Menschen gehörten, die in andere Länder emigriert waren. Das »Land Acquisitions«-Gesetz von 1953 autorisierte das Finanzministerium zusätzlich, verlassenes Land in die Hände des Staates zu übergeben. Hinzu kamen gesetzliche Regelungen, die es ermöglichten, arabisches Land als geschlossene militärische Zonen zu deklarieren. Zum Teil berief sich Israel dabei gar auf Ottomanisches Recht.

Als 1966 das Militärrecht aufgehoben wurde, gab es erste kleine Schritte, um den Geist der israelischen Unabhängigkeitserklärung in die Realität umzusetzen. Immerhin heißt es darin, *alle* Bürger hätten die gleichen Rechte, egal welcher Religion, welchem Geschlecht etc. sie zugehören. Dennoch: Israel ist nach wie vor eine »ethnische Demokratie«, wenn es um seine arabischen Staatsbürger geht. Das »Rückkehrgesetz« zum Beispiel gilt nur für Juden, nicht für Araber. Denn Israel wurde ja gegründet, um den Juden in aller Welt eine Heimstatt zu geben. Das Beste, was alle nichtjüdischen Bürger Israels von »ihrem« Staat erwarten durften, war Toleranz. So ist es auch kein Wunder, dass finanzielle Zuwendungen für den arabischen Sektor des Landes stets geringer ausfielen als für den jüdischen. Die jüdischen Israelis betrachten die arabischen Israelis stets mit einem gewissen Misstrauen. Wie loyal sind diese gegenüber dem Staat? Kollaborieren sie möglicherweise mit den Palästinensern in den besetzten Gebieten, die doch ihre »Brüder und Schwestern« sind, was oft wörtlich zu nehmen ist, denn es gibt viele Familienbande zwischen arabischen Israelis und Palästinensern in den heutigen Autonomiegebieten. Kein Wunder also, dass israelische Araber nicht im israelischen Militär dienen müssen oder dürfen, je nachdem wie man es betrachten will (nur rund 120 israelische Araber melden sich jährlich freiwillig zur Armee). Heute beträgt die offizielle Zahl der arabischen Einwohner in Israel 1,3 Millionen. Das entspricht 19,5 Prozent der Gesamtbevölkerung. In dieser Zahl sind auch die Palästinenser aus Ostjerusalem mit inbegriffen, von denen viele keine Staatsbürger sind. Die arabisch-israelische Bevölkerung besteht zu 82 Prozent aus Muslimen (inklusive der Beduinen), daneben gibt es 9 Prozent Drusen und 9 Prozent Christen. Dies sind Angaben der letzten erhobenen Statistik aus dem Jahr 2003.

Muslime, exklusive der Beduinen, machen 70 Prozent der arabischen Bevölkerung in Israel aus. Sie leben überwiegend im Norden des Landes, in Ostjerusalem und in einigen kleinen Städten auch im Süden. Die muslimischen Israelis haben die höchste Geburtenrate im Land. In den nächsten fünfzehn Jahren wird, so die Berechnungen, die muslimische Bevölkerung auf rund 2 Millionen anwachsen und dann rund 25 Prozent der Gesamtbevölkerung Israels bilden. Bis 2020 werden die Muslime dann 85 Prozent der israelisch-arabischen Bevölkerung ausmachen.

Die arabische Gemeinschaft Israels ist sunnitisch. Sie ist in einen nördlichen und einen südlichen Sektor geteilt. Im Norden ist ihr geistiger Führer Sheik Ra'ad Salah. Er ist offiziell Bürgermeister der Stadt Um El Fahem, die als Hochburg des fundamentalistischen Islam gilt. Er selbst ist ein Hardliner, der in ständiger Opposition zu Israel steht. Er behauptet, dass Israel die heiligen muslimischen Stätten in Jerusalem bedroht. Er musste jüngst eine Haftstrafe von 21 Monaten absitzen wegen des Verdachts der Unterstützung der radikal-islamischen Hamas und anderer palästinensischer Organisationen in ihrem Kampf gegen Israel. Sheik Salah fordert öffentlich einen islamischen Staat mit Jerusalem als Hauptstadt.

Der südliche Sektor der arabisch-israelischen Bevölkerung

ist wesentlich weniger extrem in seiner islamistischen und nationalen Rhetorik, aber dafür auch weniger einflussreich. Ihr
geistlicher Führer ist Sheik Nimer Darwish, der wesentlich
älter ist als Salah.

1976 organisierte die arabisch-israelische Bevölkerung unter ihren politischen Führern aus der kommunistischen Ra-
kah-Partei eine Demonstration gegen die Enteignung ihres
Landes und die von der israelischen Regierung verkündete
»Judaisierung Galiläas«. Die Demonstration begann ruhig
und still. Doch bald kam es zu Ausschreitungen, bei denen das
israelische Militär und die Polizei sechs arabische Demonstranten erschossen. Jedes Jahr gedenkt die arabische Gemeinschaft dieses tragischen Ereignisses am seitdem so genannten
»Land-Tag«. Demonstrationen an diesem Tag sind üblich geworden. Auch die israelische Rechte nutzt diesen »Gedenk-
tag« für ihre Zwecke. In schöner Regelmäßigkeit weist sie darauf hin, dass die Araber im eigenen Land als fünfte Kolonne
anzusehen und entsprechend zu behandeln seien.

Im Oktober 2000 kam es zu einem ähnlichen tragischen Ereignis. Israelische Araber demonstrierten gegen die israelische Besatzung und zeigten ihre Solidarität mit der Al-Aksa-
Intifada, der zweiten palästinensischen Intifada, die soeben
begonnen hatte. Die Unruhen waren in der Gegend von
Wadi Ara und in Galiläa ausgebrochen. Dabei erschoss die israelische Polizei dreizehn Demonstranten. Die Regierung
von Ministerpräsident Ehud Barak setzte eine Kommission
ein, die »Or-Kommission«, die feststellte, dass einige Polizei-
offiziere schuld an den Vorkommnissen waren und teilweise
rassistische Überzeugungen hatten. Die Kommission forderte eine Auswechslung der Verantwortlichen für das Massaker und eine veränderte Politik der israelischen Polizei gegenüber der arabischen Bevölkerung. So gut wie nichts von
den Forderungen der Or-Kommission wurde bislang umgesetzt ...

In der Knesset, im israelischen Parlament, waren die israelischen Araber in den ersten vierzig Jahren nach Staatsgründung zumeist durch die Kommunistische Partei vertreten, die für einen bi-nationalen Staat eintrat. In den letzten zwanzig Jahren hat sich das geändert. Neue Parteien entstanden, die sich entweder auf ein islamisches oder national-arabisches Programm beriefen und allmählich die wichtigen »Player« in der lokalen Politik wurden.

1974 wurde ein Komitee gegründet, das sich aus arabischen Bürgermeistern und Vorsitzenden der jeweiligen Kommunalräte zusammensetzte. Dieses Komitee war rasch in der Lage, die israelische Regierung mit ihren politischen Forderungen immer wieder unter Druck zu setzen, da es die arabische Minderheit sehr effektiv vertreten konnte. Bis heute existiert dieses Komitee. Seine Macht hat sich immer weiter ausgeformt und ist ein gewichtiges Sprachrohr für die Bedürfnisse der israelischen Araber geworden.

Doch auch auf anderen Wegen hat sich das politische Gesicht der arabischen Minorität in Israel gewandelt. Viele von ihnen sind politisch aktiver geworden, etliche haben den Weg in die Arbeitspartei gesucht und gefunden. Dass jetzt zum ersten Mal in einer israelischen Regierung ein arabischer Minister (zwar ohne Portfolio, aber immerhin) vereidigt wurde, ist ein Novum, das die Arbeitspartei durchsetzte. Daneben gibt es die Balad-Partei, eine nationalistische Partei, die immer größere Unterstützung bekommt, und die oben erwähnten Islamisten.

Hadash, die linke Ausformung der einstigen KP, wird immer noch stark von arabischen Israelis unterstützt, während die (jüdischen) eher rechts oder mitte-rechts angesiedelten Parteien Likud und Kadima ihren Weg hinein in die drusischen Gemeinden gefunden haben.

Die arabischen MKs (MK = Members of Knesset, also Parlamentsabgeordnete) werden aufmerksam, kritisch und misstrauisch beäugt. Sie sprechen offen über ihre Beziehungen zu den Palästinensern und der arabischen Welt. Sie reisen nach Syrien, in den Libanon, in die Golfstaaten und machen Reklame für Geschäftskontakte mit israelischen Arabern ebenso wie sie die nationale Agenda ihrer Klientel vertreten. Ahmad Tibi, ein arabisch-israelischer Parlamentarier, war zum Beispiel lange Jahre ein enger Berater von Jassir Arafat; Azmi Bishara, ebenfalls ein MK, reist schon mal nach Damaskus und fordert die radikalen Terrorgruppen auf, ihren Kampf gegen Israel fortzusetzen und tritt öffentlich für einen bi-nationalen Staat ein, der die »zionistische Entität« einfach ersetzen soll.

Natürlich werden solche arabischen Abgeordneten immer wieder von den Polizei befragt, natürlich werden Untersuchungen angesetzt, inwiefern sie mit ihren Aktivitäten gegen israelisches Gesetz verstoßen und, ja auch das, sie werden manchmal bei gewalttätigen Demonstrationen arabischer Israelis (etwa gegen den Sperrzaun in der Westbank), an denen sie sich beteiligen, verprügelt (dasselbe geschah übrigens mit dem radikalen jüdischen Politiker Effi Eitam, der sich an einer gewalttätigen Demonstration gegen die Auflösung einer israelischen Siedlung beteiligte).

Auch wenn die Polizei manchmal mit besonderer Härte gegen die arabischen Parlamentarier vorgeht, es muss hier ganz deutlich festgehalten werden, dass sie alle dennoch eine politische Freiheit in Israel genießen, die ihnen kein einziges arabisches Land gewähren würde. Natürlich wissen sie das – und nutzen diese Freiheit, um ihre politische Agenda durchzusetzen.

Eines der größten Probleme der arabisch-israelischen Gemeinden ist die Landfrage und die Notwendigkeiten, die durch die natürliche Expansion ihrer Städte und Dörfer entstehen. Baugenehmigungen sind teuer und oftmals nur schwer zu bekommen. Landerwerb für die Kommune ist unmöglich. Die israelischen Städteplaner erklären, dass die Wohnungsnot in den arabischen Gemeinden durch Hochhäuser ohne weiteres aufgefangen werden könnte. Aber das würde einen drastischen Wandel des arabischen Lebensstils bedeuten. Die meisten Araber sind durch ihre bäuerliche Tradition gewohnt, in einem Haus zu wohnen, das auf dem Boden steht, der von der ganzen Familie bewirtschaftet wird. In den beduinischen Gemeinden im Norden der Negev-Wüste hat sich ein anderer Wandel bereits vollzogen. Die israelischen Behörden hatten darauf bestanden, die Nomaden anzusiedeln, haben ihnen Städte und Dörfer gebaut und somit eine radikale Abkehr vom beduinischen Lebensstil erzwungen.

Ein weiteres Problem der arabischen Gemeinschaft: Bis heute gibt es in Israel noch mehr als 100 sogenannte »nicht anerkannte«, zumeist beduinische Dörfer. Das heißt, dass diese keine Schulen besitzen, keine medizinische Betreuung, keine Infrastruktur, nichts. Der Grund: Die Regierung will die Bewohner zwingen, die Orte, wo sie seit Jahrhunderten leben, zu verlassen, weil sie mit dem Land andere Pläne hat, gleichzeitig aber keine Handhabe besitzt, um diese Dörfer gewaltsam zu räumen.

Immerhin, die arabischen Bürger zahlen im Ganzen weniger Steuern als die jüdischen Bürger. Das liegt nicht nur an ihrem niedrigeren Einkommen, sondern auch am Fehlen von entsprechenden Zwangsmaßnahmen in ihren Gemeinden, wenn sie nicht zahlen. Dadurch aber ist ihre Kommunalverwaltung stets unter Druck. Da ihre Einwohner keine Stadtsteuern zahlen, können sie die nötigen öffentlichen Einrichtungen im Dorf, im Städtchen nicht garantieren oder aufrechterhalten. Durch den Mangel an Steuern haben diese Verwaltungen aber auch keinen guten Stand bei der Regierung, so dass sie von dieser Seite auch keine Unterstützung bekommen. So aber wird die arabisch-israelische Bevölkerung immer frustrierter und unzufriedener, und die Spirale kann sich fortdrehen: Die Bereitschaft sich zu radikalisieren wächst, vor allem in der jüngeren Generation, ebenso die Ablehnung Israels als »eigener Staat«.

Dieser Teufelskreis findet seine Fortsetzung auf der jüdisch-israelischen Seite. Viele rechte Politiker sehen die arabischen Bürger als das zukünftige Sicherheitsrisiko für das Überleben des Staates. Sie betonen, dass sowohl die religiösen wie auch die säkularen arabisch-israelischen Führer starke politische und familiäre Bindungen zu den Palästinensern in den Autonomiegebieten haben. Manche von ihnen, wie der rechtsradikale Avigdor Lieberman von der Partei »Jisrael Beiteinu« (Israel, unser Haus), der selbst aus der Sowjetunion stammt, eine überwiegend russische Klientel hat und inzwischen als Minister in der Großen Koalition von Ehud Olmert sitzt und sich mit strategischen Bedrohungen, sprich: Iran, beschäftigen soll, also Lieberman tritt inzwischen für einen brutalen Landtransfer ein. Er möchte vor allem die sogenannte Gegend des »Meschulasch«, des »Dreiecks« innerhalb des Kernlands Israel an die Palästinenser abtreten, da dort sowieso fast nur Araber leben, und stattdessen besetztes Land behalten, auf dem sich jüdische Siedlungen befinden. Damit könnte nicht nur das demographische Problem Israels langfristig gelöst werden (immer mehr Araber stehen immer weniger Juden gegenüber), sondern es wäre auch strategisch interessant, da man entsprechend notwendiges Gebiet in das Staatsgebiet einbinden könnte. Natürlich sind solche Vorschläge nicht nur rassistisch, sondern obendrein – zumindest im Augenblick – unrealistisch. Denn abgesehen davon, dass die große Mehrheit der israelischen Araber *nicht* in einem palästinensischen Staat leben will, weil sie genau weiß, dass es kein einziges arabisches Land gibt, das ihnen so viel Freiheiten gewähren würde wie Israel – trotz allem –, so wäre solch ein Landtausch juristisch im Augenblick gar nicht durchführbar. Doch die zumindest theoretische Unterstützung für solche Ideen innerhalb der jüdischen Mehrheit wächst. Das Gefühl der Bedrohung durch die israelisch-arabische Bevölkerung nimmt auf der jüdischen Seite immer weiter zu, auch dank der Islamisierung und der Unterstützung von Selbstmordattentätern durch einige Mitglieder der israelisch-arabischen Gemeinschaft.

Warum wollen die israelischen Araber nicht nach »Palästina« gehen? Die politischen Freiheiten, wie erwähnt, sind das eine. Das andere ist die nun schon über sechzig Jahre dauernde Abtrennung vom Rest der arabischen Welt. Sie sind den meisten Arabern wirtschaftlich überlegen, haben eine bessere Ausbildung, genießen bessere Bürgerrechte als in jedem arabischen Land. Von den Palästinensern werden sie als »Huren« angesehen, als »Kollaborateure«, weil sie unter Juden leben – und das nicht schlecht. Die israelischen Araber aber schauen auch gerne auf die Palästinenser als ihre ärmeren, primitiveren Brüder herab. Im Zweifelsfall würde es ihnen in einem palästinensischen Staat nicht besonders gut ergehen. Und, last but not least: viele von ihnen haben sich zunehmend »hebraisiert«. Denn das Zusammenleben mit den jüdischen Israelis färbt natürlich ab: in den Gewohnheiten, im Denken, im Umgang mit der Demokratie und auch in der Art und Weise, wie man die Individualrechte auslebt. Insofern sitzen die israelischen Araber zwischen allen Stühlen.

Die israelisch-amerikanischen Beziehungen

15. Mai 1948: Nur wenige Minuten nachdem Israel seine Unabhängigkeit erklärt, erkennt US-Präsident Harry Truman den jüdischen Staat an. Er, ebenso wie frühere amerikanische Präsidenten, sympathisierten schon seit eh und je mit der Idee eines jüdischen Heimatlandes. Sie wurden darin von Bürgerinitiativen, Gewerkschaften und Mitgliedern jüdischer Gemeinden in den USA bestärkt.

Nach dem Zweiten Weltkrieg war die Unterstützung für einen jüdischen Staat natürlich noch weiter gewachsen. Man erkannte die zwingende Notwendigkeit, die Überlebenden der Konzentrationslager der Nazis und der Displaced-Person-Camps in Europa irgendwo neu anzusiedeln.

Doch selbst vielen Israelis ist es heute nicht mehr geläufig, dass in den frühen Jahren Israel eine sehr viel intensivere Beziehung zu Frankreich als zu den USA hatte. Beide Länder hatten einen gemeinsamen Feind: Gamal Abdel Nasser in Ägypten. Die Franzosen erkannten, dass Nasser der Bannerträger des panarabischen Nationalismus war und somit die algerischen Rebellen ab 1954 in ihrem Kampf gegen die französische Kolonialmacht unterstützte. Und Israel fürchtete ihn natürlich als gefährlichsten aller Feinde. So wurde Frankreich zunächst zum wichtigsten Lieferanten von Waffen- und Nukleartechnologie. Den 6-Tage-Krieg 1967 gewann Israel noch fast ausschließlich mit französischen Waffen. 1956 waren es die USA, die Israel zwangen, sich von der besetzten Sinai-Halbinsel zurückzuziehen, nachdem der Feldzug gegen die

Ägypter von Frankreich und Großbritannien unterstützt worden war, um die Kontrolle über den Suez-Kanal wiederzuerlangen.

Die USA wurden von sich aus erst in dem Augenblick auf Israel ernsthaft aufmerksam, als Washington klar wurde, wie wichtig der jüdische Staat in seiner strategischen Bedeutung sein könnte und dass die anderen pro-westlichen Regierungen in der Region eher unsichere Kantonisten waren. Die Amerikaner hatten in der Zeit des Ost-West-Konfliktes natürlich ein massives Interesse, die Expansionspolitik der UdSSR im Nahen Osten zu bremsen und weiterhin Zugang zu den dringend benötigten Ölressourcen zu erhalten.

Die ersten ernsthaften Annäherungen zwischen den USA und Israel datieren auf das Jahr 1958, doch damals war die Großmacht noch vorsichtig in ihrem Unterfangen, Israel zum Verbündeten zu machen. Die Beziehungen vertieften sich nach dem 6-Tage-Krieg 1967 und dann besonders nach dem Jom-Kippur-Krieg 1973 und dem ägyptisch-israelischen Friedensabkommen von Camp David 1979. In Zahlen: Von 1949 bis 1973 stieg die jährliche US-Auslandshilfe für Israel auf 3,2 Milliarden US-Dollar. Zwischen 1974 und 1997 stieg sie auf rund 75 Milliarden! Bereits Ende der siebziger Jahre war Israel zum wichtigsten Empfänger amerikanischer Auslandshilfe avanciert.

Nach dem Jom-Kippur-Krieg wurden die USA zum aktivsten Vermittler im Nahen Osten und letztlich zum von Israel einzig akzeptierten Partner bei dem Versuch, Frieden mit den arabischen Nachbarn zu erreichen. Die amerikanische Politik hatte es sich zum Ziel gesetzt, den Nahen Osten zu stabilisieren. Darum erhielt Ägypten nach dem Frieden mit Israel ebenso große Finanzhilfen wie Israel. Die beiden Länder wurden zu einem ersten wichtigen Stützpfeiler der amerikanischen Außenpolitik im Nahen Osten. Dass die USA jedoch nicht nur Ägypten, sondern auch den Golfstaaten, dem Irak und Jordanien Waffen lieferten, war Israel stets ein Dorn im Auge. Das Land fürchtete, die militärische Überlegenheit zu verlieren und somit in seiner Existenz bedroht zu werden.

In den Jahren der Präsidentschaft von Jimmy Carter, 1977 bis 1981, wuchs das Engagement Amerikas in der Region kontinuierlich. Freundschaftliche Kontakte mit anderen arabischen Staaten entwickelten sich, es kam zu Spannungen zwischen der Großmacht und dem kleinen Israel. Hinzu kam, dass Carter immer häufiger Druck auf Israel ausübte, damit Jerusalem sich aus besetztem Gebiet zurückziehe und die Nationalbestrebungen des palästinensischen Volkes anerkenne.

Als Ronald Reagan schließlich ins Weiße Haus einzog, wurde Israel noch nervöser und fürchtete um die Beziehungen. Reagan war Republikaner, und nahe Berater und wichtige Mitglieder seines Kabinetts hatten beste Beziehungen zu arabischen Staaten aufgrund von Geschäftsinteressen in der Ölindustrie. Doch Israel konnte aufatmen, heute gelten die Amtsjahre Reagans als »gut für Israel«. Denn die Reagan-Administration hatte ganz andere Sorgen. Sie versuchte vornehmlich die Sowjetunion in die Knie zu zwingen und musste sich mehr und mehr der Bekämpfung des internationalen Terrorismus widmen.

Als Israel 1982 in den Libanon ein- und bis nach Beirut vormarschierte, erklärten sich die Amerikaner bereit, ihre Truppen nach Beirut zu schicken, um dort, nach der Vertreibung der PLO, für Ruhe und Ordnung zu sorgen. Das war nicht ganz selbstverständlich, da Washington wiederholt Israel Vorwürfe gemacht hatte, während des Krieges amerikanische Waffen in unzulässiger Art und Weise eingesetzt zu haben.

In der zweiten Amtszeit Reagans intensivierten sich die Beziehungen beider Länder immer mehr. Eine Reihe von strategischen Kooperationen wurde vereinbart, Verträge wurden unterzeichnet. Israel erhielt von den USA den Status eines »größeren Nicht-NATO Partners«, das amerikanische Finanzpaket stieg auf über 3 Milliarden Dollar pro Jahr, ein Freier Handelsvertrag wurde 1985 abgeschlossen.

Mit dem Ende der Reagan-Ära kam es auch zu einem Ende des Schmusekurses: Die Amerikaner begannen mit der PLO zu reden und verhafteten den israelischen Spion Jonathan Pollard, der Geheimdienstinformationen über Iraks Raketentechnik an Israel weitergab.

Nun kam die Bush-Regierung, gemeint ist »Vater« Bush. Die schlimmsten Befürchtungen Israels, die es bei jedem Amtsantritt eines neuen Präsidenten in Washington hatte, erfüllten sich diesmal. Gleich zu Beginn der Präsidentschaft sprach Außenminister James Baker ausgerechnet vor der pro-israelischen Pressure-Group AIPAC über die aggressive »Expansionspolitik« Israels. Die Regierung Bush betrachtete Ostjerusalem als besetztes Land, erkannte die Souveränität von ganz Jerusalem als Israels Hauptstadt nicht an. Bush und Baker begannen Israel massiv unter Druck zu setzen, sie wollten unbedingt eine internationale Friedenskonferenz erzwingen. Der damalige israelische Premier Jitzchak Shamir verfolgte eine starre und sture Politik. Shamir, ein rechter Hardliner, wollte auf keinen Fall irgendein Abkommen mit einem arabischen Staat erreichen, um nur ja nicht die Siedler-Bewegung zu gefährden, geschweige denn zu irgendeinem Rückzug aus der Westbank gezwungen werden zu können.

Als 1991 der Golfkrieg ausbrach, wurde Israel zum Ziel irakischer Raketen. Mehrere Wochen wurde Tel Aviv nächtens von Angriffen heimgesucht. Die Amerikaner machten Israel klar, dass es auf keinen Fall reagieren dürfe, sie wollten ihre mühsam zusammengezimmerte internationale Koalition mit zahlreichen Staaten, darunter auch einige arabische Länder, die offiziell Feinde Israels waren, auf keinen Fall gefährden. Dabei war Israel, so heißt es, bereits mehrfach in Bereitschaft gegangen, mit seinen taktischen Atomwaffen gegen Bagdad vorzugehen. Um Jerusalem ruhig zu halten, schickte Bush ein Arsenal Patriot-Abwehrraketen zusammen mit amerikanischem Personal in das Land, um die israelische Bevölkerung zu beschützen. Doch nach dem Krieg mussten die Amerikaner ihre arabischen Partner für ihre Loyalität belohnen. Und so zwangen sie die Israelis, sich mit ihren arabischen Feinden an einen Tisch zu setzen. Das Ereignis ging als Madrider Friedenskonferenz in die Annalen ein. Die Beziehungen zwischen Shamir und Bush blieben darüber hinaus schlecht. Erst als der linke Ehud Barak neuer Ministerpräsident Israels wurde, tauten die frostig gewordenen Verbindungen wieder auf. Denn Barak ging sogleich gegen die Siedlungsbewegung vor, erntete dafür Lob aus Amerika und erhielt obendrein Finanzhilfe und vor allem eine Kreditgarantie, die Bush Shamir jahrelang verweigert hatte, die das kleine Israel aber wegen seiner schlechten ökonomischen Lage damals dringend benötigte.

Als Bill Clinton 1993 Präsident der USA wurde, kämpften Israels Ministerpräsident Jitzhak Rabin und sein Stellvertreter Shimon Peres mit aller Kraft für eine Friedenslösung mit der PLO. Es gelang ihnen, den Friedensvertrag von Oslo mit Jassir Arafat zu schließen – ein Jahrhundertereignis, von dem die USA zunächst nichts wussten. Clinton reagierte schnell. Er setzte sich sozusagen an die Spitze der Bewegung, lud Palästinenser und Israelis ins Weiße Haus ein, um den Vertrag dort und nur dort zu unterschreiben. Der Oslo-Vertrag eröffnete Israel mannigfaltige Beziehungen zur arabischen Welt und führte schließlich zum Friedensvertrag mit Jordanien, bei dessen Unterzeichnung Clinton als »Zeuge« anwesend war. Nach der Ermordung Rabins 1995 blieb Clinton an der Seite Israels. Er bot dem jüdischen Staat 100 Millionen US-Dollar Unterstützung im Kampf gegen den Terrorismus an. Weitere 200 Millionen gingen in die Entwicklung eines Anti-Raketen-Systems, der »Arrow«, die von Israel entwickelt wurde und angeblich besser sein soll als die Patriot-Raketen amerikanischer Bauart.

Dazwischen hatten sich die Beziehungen zwischen Israel

und den USA noch einmal verschlechtert, als Benjamin Netanjahu, ebenso ein rechter Hardliner wie einst Shamir, Ministerpräsident wurde. Netanjahu unterstützte die Siedlerbewegung, nahm eine härtere Gangart gegenüber der PLO ein und versuchte, den Friedensprozess zumindest zu verlangsamen, wenn nicht gar völlig zum Erliegen zu bringen.

Die Jahre, die folgten, wurden überaus turbulent. Clinton wollte zum Ende seiner Amtszeit mit allen ihm gebotenen Mitteln einen Friedensvertrag zwischen Israel und den Palästinensern erreichen. In Camp David vermittelte er zwischen Arafat und Ehud Barak – vergeblich. Öffentlich erklärte Clinton Arafat für den Schuldigen. Er sei verantwortlich, dass der Frieden gescheitert sei, erklärte Clinton der Presse.

Kurz nach dem gescheiterten Gipfel brach die Zweite Intifada, die Al-Aksa-Intifada, aus. Der Auslöser: Der umstrittene Besuch des damaligen Oppositionsführers Ariel Sharon auf dem Tempelberg, der für die Muslime ein Heiligtum ist, auf dem aber früher die beiden jüdischen Tempel standen. Der Besuch war zweifelsohne eine Provokation – die im Anschluss daran ausbrechende Intifada aber offensichtlich schon längerfristig geplant, da die Palästinenser über ein Waffenarsenal verfügten, dass sie nicht erst nach dem Besuch Sharons angelegt haben konnten.

Rasch spitzte sich die Lage zu. Die Intifada wurde brutal und sehr blutig. Israel und die Palästinenser verhandelten weiter, gleichzeitig kämpfte Ehud Barak um sein politisches Überleben. Er wusste, dass ihn nur ein Friedensvertrag retten könne. Bill Clinton, dessen Amtszeit auslief, wollte unbedingt einen Erfolg, mit dem er seine Jahre als Präsident krönen und seine Affäre mit Monica Lewinsky vergessen machen konnte – vergeblich. Obwohl man sich bei den Verhandlungen in Taba 2000/2001 sehr, sehr nahe kam, scheiterten sie. Bei den darauf folgenden Wahlen in Israel wurde Ariel Sharon zum neuen Ministerpräsidenten gewählt. Die Intifada trieb ihrem Höhepunkt zu, mit zahlreichen Selbstmordanschlägen innerhalb Israels und gewaltigen Militäraktionen in den Palästinensergebieten. Hunderte von Menschen auf beiden Seiten mussten sterben. In diesem Klima wurde in den USA George W. Bush zum neuen Präsidenten gekürt.

Auch wenn die Vereinigten Staaten der wichtigste Verbündete Israels sind, haben sie doch nie die israelische Souveränität über besetztes Land akzeptiert. Die Siedlungen in den besetzten Gebieten – die USA haben sie nie anerkannt. Jerusalem, die vereinte israelische Hauptstadt? Die USA haben dies nie akzeptiert. Bis heute befindet sich aus diesem Grund die amerikanische Botschaft in Tel Aviv (wie übrigens auch fast alle anderen Länder ihre Botschaften in der Mittelmeermetropole belassen, weil sie die Annektierung Ostjerusalems von Israel nicht anerkennen).

Immer wieder haben die USA die Menschenrechtsverletzungen, die Israel in den besetzten Gebieten begeht, angeprangert. Das US-Außenministerium veröffentlicht jährlich einen Menschenrechtsbericht – Israel taucht da in schöner Regelmäßigkeit auf. Und was die Verfasser des Berichts regelmäßig zu Papier bringen, schmeichelt Israel ganz und gar nicht (auch wenn natürlich Menschenrechtsverletzungen der Palästinensischen Autonomiebehörde in dem Bericht ebenso mit aufgenommen werden).

Im Grunde ist Amerika technisch-rechtlich gar kein Verbündeter Israels, kein »Alliierter«, wie dies so oft in den Medien beschrieben wird und auch hier bereits formuliert wurde. Denn es gibt kein wechselseitiges Verteidigungsabkommen zwischen den beiden Ländern. Korrekt formuliert ist Israel ein »strategic asset«, ein strategischer Aktivposten, ein Begriff, der in der US-Administration ständig verwendet wird. Das aber ist ein grundlegend anderer Zustand als der eines »Alliierten«. Denn es ist keineswegs gesagt, dass Israel für immer ein »strategic asset« bleiben muss.

Das finanzielle Hilfspaket, das Israel erhält, ist keine rein altruistische Angelegenheit der Amerikaner. Ein nicht unerheblicher Teil des Geldes muss wiederum in den USA ausgegeben werden. Israel ist gezwungen, Waffen und andere militärische Ausrüstung, wie etwa Uniformen, dort zu kaufen. Das wiederum schadet der landeseigenen Industrie, die zumindest teilweise dieselben, wenn nicht sogar bessere Waffensysteme herstellen könnte.

Die USA kontrollieren sogar den Waffenverkauf Israels an andere Länder, zumindest versuchen sie das mit aller Macht. Als Israel etwa in den neunziger Jahren an China Raketen »made in USA« verkaufte, und dann auch noch Waffensysteme, die auf amerikanischer Technologie basierten (Warnungssystem, Lavie-Flugzeugtechnologie u. a.), kam der jüdische Staat massiv in Bedrängnis. Die USA protestierten heftig, drohten und stoppten schließlich diesen Handel.

Die Gelder, die Israel für zivile Entwicklung erhält, sind in erster Linie Milliarden an Darlehensgarantien. Aber kein einziger Dollar darf davon in die besetzten Gebiete fließen. Das US-Konsulat in Ostjerusalem, das unabhängig von der Botschaft in Tel Aviv arbeitet, beobachtet den Ausbau der Siedlungen genau und achtet darauf, dass keine US-Gelder dorthin gehen.

Dennoch: Das Band zwischen Israel und den USA ist stark. Das hat, wie schon beschrieben, strategische Gründe, das hat aber auch mit ähnlichen Erfahrungen zu tun. Während Europa, genau gesagt: Westeuropa, infolge des Zweiten Weltkrieges mehr als vorsichtig ist, in einen Krieg zu ziehen, sich zum Teil einem Pazifismus verschrieben hat, der glaubt, dass man ohne Armee, ohne Bedrohungspotential Frieden bewahren kann, selbst gegenüber totalitären, autoritären Regimes, haben die Amerikaner und Israel eine gänzlich andere Erfahrung aus dem Zweiten Weltkrieg gezogen. Israel, das jüdische Volk sagt: Nie wieder Opfer! Und um nie wieder einen

Holocaust durch»leben« zu müssen, glaubt Israel das moralische Recht zu haben, alles, aber auch alles tun zu dürfen, um das zu verhindern. Dazu ist der bewaffnete Kampf ein Mittel, ein legitimes Mittel. Und die USA? Sie können mit Fug und Recht behaupten, dass ihr Einsatz im Zweiten Weltkrieg Hitler und dem Nationalsozialismus ein Ende bereitete. Dass also Krieg führen für »eine gute Sache« legitim, ja notwendig sei.

Beide Länder glauben, Krieg könne die eigene Demokratie verteidigen, in den USA ist schließlich auch noch der Gedanke der »Weltpolizei« weit entwickelt. Unter Präsident George W. Bush ging die amerikanische Außenpolitik als Reaktion auf den 11. September schließlich so weit, dem Nahen Osten die »Demokratie bringen zu wollen«. Eine gefährliche Vorstellung, wie sich allzu rasch herausstellte.

Dass Israel für die USA auch immer wieder den »Ausputzer« spielt, konnte man am deutlichsten in der Iran-Contra-Affäre erleben. Im November 1986 wurde bekannt, dass David Kimche, der damalige Generaldirektor des israelischen Außenministeriums, US-Waffen an den Iran liefern sollte, im Austausch für Geiseln im Libanon. Waffenlieferungen an den Iran aber waren nach dem damaligen amerikanischen Gesetz illegal. Das Geld, das schließlich floss, wurde aber nicht für den Freikauf der westlichen Geiseln der Hizbollah im Libanon eingesetzt, sondern für die antikommunistischen Contra-Rebellen in Nicaragua.

Zum Ende der Ära des noch amtierenden Präsidenten George W. Bush hat sich die Lage für die USA im Nahen Osten dramatisch verändert. Die katastrophale Situation im Irak hat der republikanischen Partei eine bittere Wahlniederlage sowohl im amerikanischen Repräsentantenhaus als auch im Senat beschert. Der Irak-Krieg, der Amerikas zweites Vietnam zu werden scheint, wird mit Sicherheit *das* Wahlkampfthema bei den Präsidentschaftswahlen 2008 werden. Um den nächsten Präsidentschaftskandidaten der Republikaner schon jetzt auf Distanz zum (Republikaner) Bush zu bringen, hat ausgerechnet der frühere Außenminister von Vater Bush, James Baker, einer Kommission vorgesessen, die einen Bericht erstellte, wie die USA ihre Truppen aus dem Irak abziehen und das eigene Engagement dort beenden könnten. Dabei wurde erklärt, dass der israelisch-palästinensische Konflikt ein Faktor für die Gesamtlage in Nahost sei. Die Baker-Kommission meinte sogar, die Lösung dieses Konfliktes würde die Lage im Irak stabilisieren können. Damit wurde ein kausaler Zusammenhang zwischen der israelisch-palästinensischen Problematik und dem Irak-Krieg der USA gezogen, der faktisch nicht zu halten, als neue »Friedensideologie« aber immer häufiger zu hören ist.

Jedermann ist sich bewusst, dass ein Abzug der GIs die derzeitige irakische Regierung ins Chaos stürzen würde. Der Bürgerkrieg wäre überhaupt nicht mehr aufzuhalten und die Wahrscheinlichkeit, dass am Ende eine neue Regierung an die Macht kommt, die sehr viel weniger Sympathien für die amerikanischen und europäischen Interessen hat, ist groß. Die USA werden wohl kaum eine neue militärische Aktion in der Region wagen, Stichwort: Iran. Das US-Trauma ist jetzt schon zu groß. Amerikas Irak-Abenteuer wird alle befreundeten und verbündeten Regierungen im Nahen Osten schwächen. Die Gefahr, dass die moderaten arabischen Regierungen von Islamisten gestürzt werden, ist ganz ohne Zweifel gewachsen.

Der Iran, der sich daranmacht, eine Nuklearmacht zu werden und damit zur Führungsmacht in der muslimischen Welt aufzusteigen, will muslimisches Land von allen »Ungläubigen« (Israel, US-Truppen in Saudi-Arabien) befreien. Wer soll sie dabei aufhalten?

Damit aber könnte sich Israels Position im amerikanischen Politdenken rasch wandeln. Ist Israel noch ein Aktivposten für Amerika? Wenn die USA auch weiterhin in der arabischen Welt eine Rolle spielen und ihre Ölinteressen wahren wollen, könnten sie ihre Haltung über kurz oder lang gegenüber Israel verändern.

Für den jüdischen Staat wäre dies eine große Gefahr. Zwar hat der Juniorpartner dieser Allianz schon immer einen Drahtseilakt in seinen Beziehungen zu Amerika vollziehen müssen. Viele israelische Regierungen versuchten Verhandlungen oder Konzessionen gegenüber ihren arabischen Feinden zu verhindern und mussten zwischen amerikanischen und israelischen Interessen, die eben nicht immer so identisch sind, wie das viele Menschen glauben mögen, hin- und herlavieren.

Vor diesem Hintergrund muss auch der Abzug aus Gaza im Sommer 2005 gesehen werden. Ariel Sharon, damals Israels Ministerpräsident, rechnete sich aus, dass ein unilateraler Rückzug aus Gaza und einem kleinen Teil der Westbank ihm zumindest die Möglichkeit gibt, den Entwicklungsprozess in den Beziehungen ein wenig zu kontrollieren.

Wo ist der israelische Führer, der sich den Forderungen der USA komplett verweigern könnte oder, andersherum, der mit seinen Entscheidungen den Mut zeigen würde, der amerikanischen Politik vorzugreifen? Im Januar 2007 wurde die Problematik besonders deutlich. Ganz offensichtlich hat es Kontakte zwischen Israel und Syrien gegeben, angeblich ist Syrien bereit, für den Frieden mit einer ganzen Reihe von Konzessionen Israel entgegenzukommen, doch der israelische Premier Ehud Olmert will von Verhandlungen mit Syrien nichts wissen. Denn Syrien liegt auf der »Achse des Bösen« von George W. Bush, und damit ist diese Situation ein No-Go.

Was die amerikanisch-israelischen Beziehungen über kurz oder lang wohl ebenfalls mit beeinflussen wird, sind Europas Ambitionen, sich als zweite »Supermacht« in der Region stärker zu positionieren. Die amerikanische Politik seit dem 11. September 2001 hat die Europäer immer weiter von den USA und ihren Interessen abrücken lassen. Europas Haltung kommt der arabischen Welt eher entgegen, und wenn sich die Europäer einheitlich auf eine gemeinsame Politik auch in Bezug auf den Friedensprozess einigen können, wird das Auswirkungen auf Israel und selbst auf die USA haben. Interessant ist, dass auch »die jüdische Stimme« in den USA sich verändert hat. Klar, es gibt sie nicht, die eine, einzige jüdische Stimme, es hat sie noch nie gegeben. Dazu sind die Juden in den USA in ihrer Haltung zu komplex und pluralistisch. Aber der Grundkonsens, dass man Israel unterstützen muss, war immer vorhanden. Doch in den letzten Jahren war ein gewisser Wandel zu beobachten. Die jüdischen Amerikaner sind nicht mehr bereit, Israel »automatisch« zu unterstützen. Sie sehen viele Entwicklungen kritischer als früher und erlauben sich inzwischen auch, die israelischen Politiker schärfer ins Gericht zu nehmen, wenn sie auf PR-Tour durch die Vereinigten Staaten unterwegs sind. Israelische Politiker können nicht mehr mit der gleichen Selbstsicherheit vor dem amerikanischen Kongress auftreten wie früher.

Immer häufiger melden sich in den USA nun auch pro-arabische Lobbyisten zu Wort und machen Druck auf Capitol Hill.

Selbstverständlich wird ein Friedensabkommen in der Zukunft zum größten Teil von der politischen und finanziellen Unterstützung der USA abhängen. Aber in Zeiten, in denen sich die Stimmen mehren, dass man die Finanzhilfen fürs Ausland kürzen und stattdessen in das eigene Land investieren soll, wird sich Washington sehr genau überlegen, wo und wie es investieren will. Und so wie es aussieht, werden die Amerikaner kein Geld zur Verfügung haben, um den Israelis den Abzug aus den besetzten Gebieten schmackhaft zu machen; das Irak-Abenteuer verschlingt Milliarden. Doch Geld würde dringend benötigt. Die Umsiedlung der Siedler in das Kernland von Israel kostet viel Geld, die notwendigen zusätzlichen Verteidigungsmaßnahmen der Armee, die ein Rückzug mit sich bringen würde und vieles andere – Israel könnte gezwungen sein, das alles mehr oder weniger aus eigener Tasche bezahlen zu müssen; und dies würde das Land politisch und militärisch schwächen.

Doch solange die fundamentalistischen »Evangelicals« in Washington noch das Sagen haben, muss sich Israel nicht fürchten. Rund 50 Millionen solcher fundamentalistischer Christen soll es in den USA geben, sie sind Anhänger von George W. Bush, der sich selbst als »born-again Christian« bezeichnet. Er trägt mit seiner Politik eine religiöse Mission in die Welt hinaus. Und dazu gehört die unbedingte Unterstützung des jüdischen Staates. Warum? Weil die »Evangelicals« glauben, dass sie das apokalyptische Ende herbeiführen können, das in der Offenbarung des Johannes beschrieben wird. Sie sind überzeugt, dass in dem Augenblick, in dem alle Juden nach Israel zurückgekehrt sind und Israel wieder in seinen biblischen Grenzen existiert, Jesus zurückkehren wird und alle Christen ins Himmelreich kommen werden. Von dieser paradiesischen Zeit sind allerdings Christen wie Juden noch weit, noch sehr weit entfernt.

Die EU und Israel

Die Beziehungen zwischen der EU und Israel laufen auf zwei Ebenen ab.

Auf der politischen Ebene versucht die EU eine Vermittlerrolle im Friedensprozess einzunehmen und zu helfen, aber auch eigene Interessen, die sich zum Teil von denen der Amerikaner unterscheiden, durchzusetzen. Die andere Ebene ist die pragmatisch-bürokratische. Im ganz normalen Alltag gibt es zahlreiche Verbindungen zwischen der EU und Israel im Handel, in Wissenschaft, Kultur und Erziehung.

Vor sieben Jahren schlossen die EU und Israel ein neues Abkommen. Es sah vor, dass zwischen den Partnern ein ständiger politischer Dialog eröffnet wird. Dienstleistungen und Kapitalfluss zwischen Europa und Israel wurden liberalisiert, die wirtschaftlichen Beziehungen wurden ausgebaut, wobei exakte Regeln für den Wettbewerb festgelegt wurden. Außerdem haben die beiden Partner vereinbart, noch enger im sozialen und kulturellen Bereich miteinander zu kooperieren. Einmal im Jahr trifft sich ein Assoziationsrat, teilweise sogar auf Ministerebene. Dabei geht es um praktische Fragen der Umsetzung des neuen Abkommens. Bereits seit 1976 gab es zwischen der EU und Israel ein Wirtschaftsabkommen, das neue baut diese langjährigen, überwiegend guten Beziehungen weiter aus.

In Übereinstimmung mit den neuen »Association Agreements« zwischen der EU und ihren Partnern aus dem Mittelmeerraum betont die Präambel des neuen Abkommens die

Bedeutung der UN-Charta. Dabei geht es vor allem um die Einhaltung der Menschenrechte, demokratischer Spielregeln und wirtschaftlicher Freiheit. Auf besonderen Wunsch Israels wurde ein Passus aufgenommen, der die gemeinsame Bekämpfung von Fremdenfeindlichkeit, Antisemitismus und Rassismus vorsieht.

Die EU hat mehrfach und klar ihre Position gegenüber dem palästinensisch-israelischen Konflikt erläutert. Sie befürwortet eine Zwei-Staaten-Lösung als Ergebnis eines endgültigen Friedensabkommens. Der Weg dahin sei die sogenannte Roadmap, die von der EU unterstützt wird. Der zufolge sollen Israel und ein demokratischer, friedlicher und souveräner palästinensischer Staat Seite an Seite innerhalb gesicherter und international anerkannter Grenzen leben. Beide Staaten sollen gemäß der UN-Resolutionen und den Prinzipien der Madrider Friedenskonferenz von 1991 mit allen Nachbarn normale Beziehungen führen. Die Zukunft Jerusalems soll zwischen beiden Seiten einvernehmlich geregelt werden, Libanon und Syrien eventuell Teil eines solchen Abkommens werden.

Doch anders als die USA nimmt Israel die Europäer als einseitigen Vermittler wahr. Die Europäer seien viel zu pro-arabisch, heißt es in Jerusalem, sie seien kein ehrlicher Partner. Nach dem Golfkrieg 1991 wuchs die Rolle und Bedeutung der EU für den Nahen Osten kontinuierlich, weil sie eine Säule des sogenannten Nahost-Quartetts ist. Nach dem Friedensvertrag von Oslo wurde die EU der größte Finanzier der Palästinensischen Autonomiebehörde (PA). Die Gelder flossen entweder direkt an die PA oder über die UN. Die Europäer bestehen darauf, eine größere Rolle im Friedensprozess zu spielen, schließlich würden sie ja auch Wesentliches zur Stabilität der Region beitragen. Israel lässt dies bislang jedoch nicht zu. Das Misstrauen gegenüber den Europäern ist groß. Zum Teil mag die Kritik der Israelis berechtigt sein, Jerusalem kann konkrete Beispiele nennen, an welcher Stelle die Europäer sich vielleicht zu sehr auf die arabische Seite geschlagen haben. Die Vorbehalte gegenüber Europa liegen aber auch im kollektiven Misstrauen der Israelis gegenüber jenem Kontinent, der den Holocaust zu verantworten hat. Und dabei sind die Deutschen gar nicht besonders im Visier, im Gegenteil. Deutschland genießt als politischer Partner in Israel einen großartigen Ruf. Es geht eher um Länder wie Frankreich und Großbritannien, um Skandinavien, Länder die bis heute eine besonders starke Affinität zur arabischen Welt haben, Länder, deren Medien bei ihrer Berichterstattung über den Nahostkonflikt besonders Israel-kritisch sind und mitunter auch Fakten verdrehen.

In den vergangenen Jahren, seit der Jahrtausendwende und dem Ausbruch der Zweiten Intifada, haben die politischen Beziehungen zwischen Israel und der EU ein historisches Tief erreicht. Viele Beobachter sprechen inzwischen von einer tief greifenden Krise, obwohl die Beziehungen in allen anderen Bereichen sich weiterhin überaus positiv und mannigfaltig entwickeln (vielleicht mit Ausnahme Großbritanniens, wo wissenschaftliche Institutionen und Universitäten mehrfach zum Boykott israelischer Universitäten und anderer wissenschaftlicher Einrichtungen aufgerufen haben). In den israelischen Medien kommt Europa schlecht weg. Auch israelische Politiker äußern sich skeptisch bis negativ über Europa. Europa wird als schwach angesehen, als zu zögerlich. Europa wird gegenüber dem islamistischen Fundamentalismus, gegenüber dem Iran, auch gegenüber der Hamas und der Hizbollah eine Appeasement-Politik vorgeworfen. Man verweist auf Frankreich und Großbritannien in München 1938: Die Europäer gelten als unsichere Kantonisten.

Man nimmt in Israel kaum wahr, wenn die EU palästinensische Terrorangriffe gegen israelische Zivilisten verurteilt. Und wenn man es wahrnimmt, glaubt man den Europäern

85

nicht, dass sie es ehrlich meinen. Die negative Wahrnehmung Europas in Israel hat ihre komplementäre Entsprechung in der überwiegend negativen Wahrnehmung Israels in der EU. Wenn Europäer israelische Aktionen kritisieren, dann ist häufig ein scharfer, ideologisch motivierter Unterton herauszuhören; es geht selten nur um die Formulierung unterschiedlicher Vorstellungen, wie man einen aktuellen Konflikt, eine aktuelle Situation behandeln soll. Viele Europäer halten Israel bis heute für den Goliath, der seine unendliche militärische Macht benutzt, um den kleinen David, die Palästinenser, zu malträtieren. Europa glaubt, dass es allein Aufgabe der Israelis sei, den Friedensprozess mit den Palästinensern wieder aufzunehmen und fortzusetzen. Von den Palästinensern wird selbiges nicht in der gleichen Form verlangt. Inzwischen hört man immer häufiger innerhalb der EU Forderungen nach wirtschaftlichen Sanktionen gegen Israel, um den jüdischen Staat so zu einer Änderung seiner Politik, die schon mal gerne mit der Apartheid-Politik in Südafrika verglichen wird, zu zwingen.

Europa weist die Kritik Israels an seiner Haltung stets zurück, betont, sie sei ausgewogen und fair. Doch das Abstimmungsverhalten der Europäer in der UNO, wenn es um Resolutionen gegen Israel geht, spricht eine andere Sprache. Wenn man davon ausgeht, dass es im Umgang zwischen Demokratien keine voreingenommenen Meinungen und Äußerungen geben sollte, so muss man im Fall der Europäer und der Israelis sagen: Die Lage ist miserabel. Das europäische Argument, Israels Verhalten gegenüber den Palästinensern sei verantwortlich für das Abstimmungsverhalten der Europäer in der UN, ist schnell aus dem Weg geräumt: Deren Abstimmungsverhalten hat sich auch nach Unterzeichnung des Osloer Friedensvertrages nicht im geringsten geändert!

Die EU hat mehrfach Untersuchungskommissionen ins Leben gerufen, um israelische Aktivitäten in den besetzten

Gebieten zu überprüfen, die EU hat die israelische Gewalt im letzten Libanon-Krieg 2006 massiv kritisiert. Aus israelischer Sicht war diese Kritik lauter, massiver und schriller als etwa die Verurteilung der Raketenangriffe der Hizbollah auf israelische Zivilisten im Norden des Landes. Ähnliches ist zu beobachten, wenn es um die Verurteilung der Aggressionen an der Grenze zu Gaza geht. Jeder israelische Angriff auf Gaza wird von der EU sofort lautstark kommentiert; die Tatsache, dass allein die israelische Grenzstadt Sderot innerhalb eines einzigen Jahres von mehr als 1000 Kassam-Raketen militanter Palästinenser getroffen wurde, wird in Europa, auf alle Fälle in der europäischen Öffentlichkeit, kaum wahrgenommen.

Die Haltung der EU gegenüber der radikal-islamischen Hamas ist denn auch im Vergleich zur Haltung der USA sehr viel weniger kritisch – die europäische Position wird von den Israelis stets im Vergleich zur USA beobachtet und gewertet.

Die neueste Herausforderung für die an sich schon schwierigen Beziehungen zwischen den Europäern und Israel ist die Frage, wie jene mit der nuklearen Bedrohung aus Teheran umgehen wollen. Israels Außenministerin Zippi Livni erklärte bereits 2006 im Gespräch mit EU-Politikern, die auf Staatsbesuch nach Jerusalem gekommen waren: »Es ist dringend notwendig geworden, dass die EU, der eine Schlüsselrolle in dieser Angelegenheit zukommt, ihre Bemühungen verstärkt, um weitere Verzögerungen zu verhindern, so dass endlich effektive Sanktionen implementiert werden können, als zusätzliche Maßnahme zu allen anderen Wegen, die effektiv sein können, um einen nuklearen Iran zu verhindern.«

Aber noch zögert die EU, weigert sich, die Bedrohung aus dem Iran so ernst zu nehmen, dass sie nicht nur redet, sondern tatsächlich aktiv wird. Die EU scheint einer Konfrontation mit Präsident Ahmadinejad aus dem Weg gehen zu wollen.

Europa muss sich die Frage stellen lassen, inwiefern seine

Kritik an Israel nicht auch an der eigenen Vergangenheit orientiert ist. Es ist eine Tatsache, dass der Antisemitismus ein integraler Bestandteil der europäischen »Kultur« ist. Und natürlich hat sich der Antisemitismus mit dem Ende des Zweiten Weltkriegs nicht verflüchtigt. Inzwischen gibt es jedoch einen neuen gesellschaftlichen Konsens, der nicht nur auf Deutschland, sondern auf die gesamte EU zutrifft. Es ist common sense geworden, dass nach dem Holocaust antisemitische Äußerungen tabu sind. Juden als Individuen dürfen nicht mehr beleidigt werden. Anders ist das mit dem Staat Israel. Hieß es noch bei den Nazis »Die Juden sind unser Unglück«, so lässt sich aus der Art der Kritik (nicht der Kritik an Israel an sich) im Unterton vieler öffentlicher Äußerungen heraushören, dass nun Israel »unser Unglück« ist. Israel ist sozusagen der »Kollektive Jude« geworden. Beispiele dieser Art gibt es genug, auch in Deutschland. Egal ob Politiker wie Norbert Blüm und der inzwischen verstorbene Jürgen Möllemann oder Wissenschaftler und Publizisten wie Udo Steinbach und viele andere – in ihrer Kritik gegenüber Israel lassen sie sich zu Äußerungen hinreißen, die häufig von mangelnder Sachkenntnis geprägt sind und eher dazu dienen, den eigenen deutschen oder europäischen Schuldkomplex abzuschütteln, als ernsthafte oder gar konstruktive Kritik an Israel zu üben.

Kein Wunder, dass solche Äußerungen, bis hin zu nachweisbar antisemitisch gefärbten TV-Beiträgen zum Nahostkonflikt in europäischen Sendern, Israel misstrauisch machen und, manchmal auch unsachlich, reagieren lassen. Auf alle Fälle – die Europäer können sich bislang nicht als voll akzeptierter Vermittler in den Nahostkonflikt einbringen (im Gegensatz ausgerechnet zu Deutschland, das sich mit Joschka Fischer und jetzt auch mit Angela Merkel und Frank-Walter Steinmeier die beste Reputation in Jerusalem erworben hat).

Gleichwohl ist die EU der größte Handelspartner Israels und ein wichtiger Partner im Wissenschaftsbereich. Zugleich ist die EU ein wichtiger politischer und wirtschaftlicher Partner Libanons, Syriens, Jordaniens und Ägyptens.

Rund 40 Prozent aller Importwaren nach Israel stammen aus der EU, 30 Prozent aller israelischen Exporte gehen in die EU-Länder. Israel nimmt bei der EU den 21. Platz der Exportmärkte und den 28. bei den Importmärkten ein. Im vergangenen Jahrzehnt haben sich die Importe von Israel nach Europa verdreifacht. Umgekehrt sieht es ähnlich aus. Der Gesamthandel zwischen der EU und Israel wächst beständig. 2002 belief sich sein Gesamtwert auf 22 Milliarden Euro.

Die intensivste Zusammenarbeit lässt sich im Bereich Wissenschaft und Forschung finden. Im Rahmen des RTD-Programms der EU (Research and Technological Development) und innerhalb des 5. Rahmenprogramms von 1999 bis 2002 haben israelische Universitäten, Forschungsinstitute und Firmen an rund 600 Projekten gemeinsam mit ihren europäischen Kollegen geforscht. Vor Kurzem wurde Israel als gleichberechtigter Partner endgültig in das GALILEO-Projekt einbezogen, Europas wichtigstes Satellitenprogramm. Im Juli 2004 unterzeichneten die EU und Israel ein Abkommen zur Kooperation im Bereich der Satellitennavigation und in vielen anderen technologischen Bereichen.

Israelis haben großes Interesse an europäischen Werten, an der Kultur – und am europäischen Sport. Europas Hauptstädte sind die beliebtesten Reiseziele israelischer Urlauber. Obwohl die israelische Öffentlichkeit das Anwachsen des Antisemitismus in Europa durchaus kritisch beobachtet und die europäische Haltung im Nahostkonflikt ablehnt, befürwortet sie dennoch eindeutig einen weiteren Ausbau der Beziehungen. Israelische Politiker, die einerseits Europa für seine pro-arabische Haltung anprangern, diskutieren andererseits öffentlich, Israel könne doch Mitglied in der EU, der israelische Schekel an den Euro in einer Währungsunion angebunden oder gar durch den Euro ersetzt werden. Doch Israel ist meilenweit von einer EU-Mitgliedschaft entfernt. Denn die EU könnte dafür von Israel einen hohen Preis verlangen – die Aufgabe des »Rückkehrgesetzes«, das jedem Juden weltweit erlaubt, nach Israel zu ziehen und sofort Staatsbürger zu werden.

Die europäische Gesetzgebung erlaubt es jedem EU-Bürger, sich innerhalb der Union anzusiedeln, wo immer er will, und auch dort zu arbeiten. Das aber wäre schon allein wegen der Sicherheitsrisiken für Israel nicht akzeptabel. Israel müsste als EU-Mitglied obendrein die gesamte europäische Rechtsprechung und die europäische Menschenrechtskonvention übernehmen. Das aber bedeutet, dass Israel schlagartig ein »Staat seiner Bürger« würde, die rund eine Million arabischen Israelis könnten die Gerichte mit einer Prozesswelle wegen Ungleichbehandlung überfluten, die das gesamte juristische System des Landes lahm legen würde.

Israel müsste darüber hinaus einige entscheidende strukturelle Änderungen in seinem Wirtschaftsgefüge vollziehen, um die Maastricht-Kriterien der Währungsstabilität erfüllen zu können. Den Euro zu übernehmen würde weiterhin bedeuten, steuerliche und monetäre Restriktionen übernehmen zu müssen, die die Manövrierfähigkeit der israelischen Regierung einschränken würde, wie zum Beispiel bei der Festlegung des Zinssatzes, was Angelegenheit der europäischen Zentralbank ist. Und schließlich: Israel müsste nahezu grausame Konzessionen bei seiner Verteidigung und beim Handelsabkommen mit den USA machen. Mit anderen Worten: Eine EU-Mitgliedschaft würde den jüdischen Staat im Grunde zerstören.

Doch auch die Europäer haben kein wirkliches Interesse an einer Mitgliedschaft Israels in der EU. Israel wird überwiegend als rassistische Kolonialmacht gesehen, die Lichtjahre entfernt ist von dem Standard des »aufgeklärten neuen Europa«. Dieser Überzeugung liegt die unausgesprochene Haltung zugrunde, dass Israel im Grunde nur auf den geeigneten Moment wartet, die palästinensische Bevölkerung eines Tages zu vertreiben oder in ein anderes Land zu transferieren …

Fazit: Obwohl die europäisch-israelischen Beziehungen einerseits immer besser werden, ist zu befürchten, dass sie sich vor allem auf der politischen Ebene im Laufe der Zeit noch weiter verschlechtern könnten. Mit dem immer größer werdenden zeitlichen Abstand zum Holocaust wird Europa seine moralische Verpflichtung gegenüber Israel nicht mehr ganz so streng sehen wie noch bislang, vielleicht mit Ausnahme Deutschlands; doch selbst dort gibt es, zumindest in der intellektuellen Diskussion, längst Brüche im allgemeinen Nachkriegskonsens. Die Europäer werden gleichzeitig, wenn man das so vereinfacht und pauschal sagen kann, den »Schatten von Auschwitz« nicht wirklich loswerden. Das aber wird mit der Zeit für immer neue Generationen immer unerträglicher sein. Bereits heute ist zu beobachten, dass sich aus dieser Entwicklung heraus in Europa ein »Antisemitismus wegen Auschwitz« herauskristallisiert, der sich dann gerne am Nahostkonflikt abarbeitet, um den eigenen Schuldkomplex zu relativieren, in dem man auf Israel verweist, das angeblich nicht viel besser sei als Nazi-Deutschland (und all die Länder, die an der Ausrottung der Juden beteiligt waren). Solange Europa mit seinem Schuldkomplex nicht wirklich ins Reine kommt, wird es schwer sein, Israel davon zu überzeugen, dass die EU einen wirklich entscheidenden Beitrag zum Frieden leisten kann. Dabei darf man nicht unterschlagen, dass die Europäer genau wissen, dass sie zumindest im Sicherheitsbereich den Konfliktpartnern nicht annähernd gleiche Garantien anbieten können wie die USA. Dazu ist die EU dann doch zu schwach.

Die UNO und der
israelisch-arabische Konflikt

Das Verhältnis zwischen der UNO und Israel ist ein hoch-
komplexes, schwieriges Kapitel.

Einerseits verdankt Israel seine Existenz unter anderem der
UNO, andererseits sieht sich Israel immer wieder von der
UNO in die Ecke gestellt als Buhmann, als »böser Bube« un-
ter den Nationen.

Schon Staatsgründer David Ben Gurion hatte nur Verachtung für die UNO übrig, als er sie in einem hebräischen
Wortspiel als »UM – SCHMUM« bezeichnete (UNO heißt
auf Hebräisch UM), was so viel bedeutet wie: die UNO ist
Quatsch. Es war eine Reaktion auf die Anfrage einer seiner
Minister, wie denn die UNO reagieren würde, wenn Israel
eine Massendeportation von Ägyptern von der Sinai-Halbinsel verfügen würde. Einen solchen politischen Antrag hat es
1955, ein Jahr vor dem Sinai-Feldzug, tatsächlich kurzzeitig
gegeben. Ben Gurion reagierte verächtlich auf die UNO und
bestand stets darauf, die Gründung des Staates Israel sei nicht
der UNO zu verdanken, sondern der jüdischen Hartnäckig-
keit. Dieses »UM – SCHMUM« wird in Israel seitdem immer wiederholt, wenn in der UN eine Resolution verabschiedet wird, die im jüdischen Staat als anti-israelisch gewertet
wird. Als der damalige Generalsekretär Kofi Annan 1998 die
Knesset, das israelische Parlament besuchte, zitierte er Ben
Gurion in einer Rede und rief dazu auf, die Beziehungen zwischen Israel und der Weltorganisation dringend zu verbessern.

Alles begann mit der Resolution 181 (II) vom 29. November 1947. Es ging um die Frage der zukünftigen Regierung von Palästina. Die Resolution empfahl, dass die Briten als Mandatsmacht Palästina verlassen, dass das Militär spätestens zum 1. August 1948 aus dem Land sein müsse, dass ein unabhängiger arabischer (palästinensischer) und ein unabhängiger jüdischer Staat sowie eine besondere internationale Verwaltung für die Stadt Jerusalem, die von der UN getragen werde, ins Leben gerufen werden. Und dass schließlich in Jerusalem die Interessen aller Religionen, Christentum, Judentum und Islam, gewahrt werden sollen.

Die Resolution der UNO-Vollversammlung Nr. 273 vom 11. Mai 1949 lässt Israel als Mitglied der Vereinten Nationen schließlich zu.

Der gesamte Nahostkonflikt ist seitdem immer wieder von UNO-Resolutionen mit beeinflusst worden. Zu den wichtigsten gehören:

a) Resolution 242 des UN-Sicherheitsrates vom 22. November 1967: Sie fordert die israelischen Truppen auf, sich aus Gebieten (nicht *den* oder *allen* Gebieten!), die 1967 während des 6-Tage-Krieges erobert wurden, zurückzuziehen. Israel hatte damals die Golanhöhen, die Westbank, den Gazastreifen und die Sinai-Halbinsel besetzt. Die Resolution betont die Anerkennung, die Souveränität, die territoriale Integrität und die politische Unabhängigkeit aller Staaten in der Region: Ägypten, Syrien, Jordanien, und auch Israel. Die Resolution erklärt die Notwendigkeit, das palästinensische Flüchtlingsproblem zu lösen. In der Formulierung taucht jedoch der Begriff »Palästinenser« noch nicht auf. Die arabische und die israelische Interpretation dieser Resolution unterscheiden sich erheblich voneinander. Die Araber behaupten, 242 würde einen palästinensischen Staat bereits implizieren, Israel verneint das. Die Resolution sieht auch eine Garantie der freien Seeschifffahrt durch die internationalen Gewässer der Region vor. Am 8. Dezember 1967 entschied der Sicherheitsrat, dass die Zahl der Beobachter am Suez-Kanal erhöht werde.

b) Resolution 338 des UN-Sicherheitsrates vom 23. Oktober 1973: Sie *entscheidet* einen sofortigen Waffenstillstand, der innerhalb von zwölf Stunden nach Annahme des Sicherheitsratsbeschlusses zu erfolgen habe. Die Resolution ist eine Folge des Jom-Kippur-Krieges 1973, als Ägypten und Syrien Israel am höchsten jüdischen Feiertag überraschend angriffen und Israel in den ersten Wochen eine vernichtende Niederlage drohte, bis es den israelischen Truppen unter massiven Verlusten gelang, die Lage zu wenden. Gegen Ende des Krieges befand sich ein Teil der israelischen Armee unter dem Befehl von Ariel Sharon knapp 100 km vor Kairo. 338 verlangt auch eine sofortige Umsetzung von Resolution 242. Eine Besonderheit dieser Resolution: Sie »entscheidet«. Meistens wird in UN-Resolutionen nur »gefordert« oder »empfohlen«.

c) Resolution 3379 der UN-Vollversammlung vom 10. November 1975: Sie erklärt, dass jegliche Doktrin von rassischer Überlegenheit wissenschaftlich falsch, moralisch zu verdammen, sozial ungerecht und gefährlich ist. 3379 ist eine Antwort auf Rassendiskriminierung verschiedener Regierungen in der ganzen Welt. Als Beispiel solcher Regierungen führt die UN-Vollversammlung die besetzten Gebiete in Palästina an, außerdem Zimbabwe und Südafrika. Die Resolution erklärt ausdrücklich, dass zur Beendigung der Diskriminierung der Kolonialismus, Fremdherrschaft und -besatzung, der Zionismus (!) und die Apartheid vollständig beseitigt werden müssen. Es war die UdSSR, die diese Resolution vorantrieb, unterstützt von arabischen und afrikanischen Staaten, die Israel vorwarfen, es würde das Apartheid-Regime in Südafrika durch wirtschaftliche Zusammenarbeit unterstützen. In den frühen neunziger Jahren des ausgehenden 20. Jahrhunderts wurde die Resolu-

tion 3379 förmlich widerrufen, nachdem sich sowohl Süd-
afrikas Apartheid-Regierung als auch die Sowjetunion auf-
gelöst hatten.

d) Resolution 425 des UN-Sicherheitsrates vom 19. März
1978: Sie verlangt den Rückzug Israels aus dem Libanon.
Israel müsse die Souveränität und politische Unabhängigkeit seines nördlichen Nachbarn innerhalb international
anerkannter Grenzen respektieren. In der Resolution wird
auch entschieden, dass eine UNIFIL-Truppe (United Na-
tions Interim Force in Lebanon) im Libanon stationiert
werden soll, um die Lage im Grenzgebiet zu Israel zu beobachten.

e) Resolution 446 des UN-Sicherheitsrates vom 22. März
1979. Sie besagt, dass die israelischen Siedlungen in palä-
tinensischen und arabischen Gebieten, die 1967 erobert
wurden, keinerlei legalen Status haben, dass sie ein Hinder-
nis für den Frieden in der Region seien. 446 fordert Israel
auf, keine Zivilisten auf besetztem arabischem Gebiet anzusiedeln. Eine Kommission, bestehend aus drei Mitgliedern des Sicherheitsrates, wurde gebildet, um die israelischen Siedlungen in den besetzten Gebieten und Jerusalem
zu überprüfen.

f) Resolution 478 des UN-Sicherheitsrates vom 20. August
1980: Sie verlangt von Israel die sofortige Aufhebung
des »Grundrechts«, das Jerusalem zur vereinten israelischen Hauptstadt erklärt. 478 verurteilt Israel in »stärks-
ter Form« dafür, dass der jüdische Staat nicht bereit sei, sich
an die früher verhängten UN-Resolutionen zu halten und
den Status und Charakter Jerusalems zu ändern. Der Sicherheitsrat entscheidet, dass das »Basic Law« null und nichtig
ist.

g) Resolution 497 des UN-Sicherheitsrates vom 17. Dezember 1981: Sie fordert Israel auf, die Annektierung der Golanhöhen rückgängig zu machen.

h) Resolution 1559 des UN-Sicherheitsrates vom 2. September 2004: Sie verlangt den Rückzug der syrischen Truppen aus dem Libanon, eine Zusammenarbeit Syriens bei der Untersuchung des Mordes von Libanons Ministerpräsidenten Rafik Hariri. Und sie verlangt die Entwaffnung der Hizbollah.

i) Resolution 1701 des UN-Sicherheitsrates vom 11. August 2006: Sie stellt zunächst fest, dass die kriegerischen Auseinandersetzungen des Sommers durch den Angriff der Hizbollah auf Israel am 12. Juli 2006 ausgelöst wurden. Sie begrüßt die Bemühungen des libanesischen Ministerpräsidenten Fuad Siniora und seiner Regierung, die Kontrolle in Libanon und die volle politische Souveränität wiederherzustellen, was auch bedeutet, die volle Autorität über die libanesischen Truppen und Waffen wiederzugewinnen. Waffenlieferungen in den Libanon sind ohne Zustimmung der Regierung verboten. Die Resolution unterstützt auch die Idee, dass die UNIFIL-Truppen rund 15 000 libanesischen Soldaten helfen sollen, im Südlibanon, nach dem Rückzug der Israelis, die Kontrolle zu übernehmen. 1701 verlangt weiterhin eine sofortige Einstellung aller Feindseligkeiten sowohl von der Hizbollah wie von Israel, um einer langfristigen Friedenslösung Raum zu geben. Die Resolution wiederholt ausdrücklich die Forderungen der Resolution 1559, die eine Entwaffnung aller Milizen im Libanon vorsieht.

Darüber hinaus gab es mehr als zwanzig Resolutionen der UN-Vollversammlung, die die israelische Besatzung und Aktivitäten in den besetzten Gebieten aufs heftigste verurteilten. Die Formulierungen waren immer besonders hart ...

Diese permanente und häufig einseitige Verdammung Israels durch die UNO hat in Israel für viel Verbitterung gesorgt. Die UNO wird als Organisation in weiten Teilen der Bevölkerung verachtet, da sie in ihren Augen nicht ausgewogen ist, weil sie ein ewiger Spielball internationaler Machtinteressen ist. In der Zeit des Kalten Krieges spiegelte die UNO die Verhältnisse des Ost-West-Konfliktes wider, Abstimmungen waren in gewisser Hinsicht absehbar, da die Staaten ihrer jeweiligen Blockzugehörigkeit entsprechend entschieden. Und dass Israel immerzu verurteilt wird, versteht sich aus Sicht des jüdischen Staates wie von selbst, da es nun einmal sehr viel mehr muslimische Staaten gibt, die gemeinsam ein hohes Gewicht im Stimmenverhältnis haben.

Die UNO-Resolution 3379 von 1975 hat entscheidend zum angespannten Verhältnis zwischen Israel und der UNO beigetragen. Die UNO erklärt darin, dass sie glaubt, der Zionismus sei eine Form des Rassismus und der rassischen Diskriminierung. Die Resolution zitiert dazu Resolutionen anderer transnationaler Organisationen, in denen der Zionismus als Bedrohung für den Weltfrieden und die Sicherheit angesehen wird, als rassische und imperialistische Ideologie. Und sie sagt wörtlich, dass das rassistische Regime im besetzten Palästina und die rassistischen Regimes in Zimbabwe und Südafrika den gleichen imperialistischen Ursprung haben, dieselbe rassistische Struktur. Sie seien in ihrer Politik miteinander verbunden, die zum Ziel habe, die Würde und Integrität des Menschen zu unterdrücken.

Diese Resolution wurde 1991 von der UNO-Vollversammlung durch die Resolution 4686 widerrufen. Doch allein die Tatsache, dass es sie überhaupt gab, dass sie sechzehn lange Jahre in Kraft blieb, wird in Israel als Beweis gewertet, dass die UN gegenüber dem jüdischen Staat Vorurteile hat.

Resolution 3379 ist übrigens einer der Gründe, warum die Forderungen nach einer Reform der UNO immer lauter geworden sind. Zu offensichtlich sind die Abstimmungsverhältnisse qua Staatsinteressen geworden.

Der ehemalige amerikanische UN-Botschafter John Bolton erklärte noch vor wenigen Jahren: »Während die Formulierung, der Zionismus sei Rassismus, 1991 widerrufen wurde, so ist die ihr unterliegende anti-israelische Stimmung, die dazu geführt hat, immer noch existent.«

Was Israel immer wieder vor Sanktionen oder anderen Bestrafungsaktionen seitens der UN bewahrt hat, ist die Konstruktion der Weltorganisation, die einigen Staaten im Sicherheitsrat das Veto-Recht zugestehen, darunter auch der USA. Immer wieder forderten arabische Staaten wie Irak, Libyen und der Iran Sanktionen gegen Israel. Unterstützt wurden und werden sie dabei stets von einer Gruppe sogenannter »nicht-alliierter« Staaten, die historisch den arabischen Staaten nahe stehen. Sie, zusammen mit den arabischen Ländern, beeinflussen die Stimmverhältnisse in der Vollversammlung. So kommt es, dass in den letzten zwei Jahrzehnten die Verurteilung Israels fast schon zur »Routine« in der UN geworden ist.

Dass die UNO zugleich eine besonders schwache Organisation ist, ist an der Tatsache abzulesen, dass die meisten Resolutionen erst nach Jahren umgesetzt werden konnten. 242 und 338 sind bis heute nicht erfüllt.

Es mag sein, dass die arabischen Staaten auf dem Schlachtfeld von Israel besiegt wurden, in der diplomatischen Schlacht waren sie erfolgreicher. Es gelang ihnen, vor allem die Dritte Welt gegen die Besetzung arabischen Territoriums aufzubringen. In Israel war man sich dessen bewusst, vermochte aber nicht, die Stimmung in der UN zu ändern; im Gegenteil, israelische Politiker und die Öffentlichkeit sehen die Feindseligkeiten gegenüber dem jüdischen Staat im UN-Hauptquartier in New York auch auf UN-Beobachter vor Ort übertragen und bestätigt.

Die UN-Flüchtlingsorganisation (UNRWA) in den besetzten Gebieten mag tatsächlich die politische Lage aus rein palästinensischer Sicht beurteilen, in gewisser Hinsicht muss sie das, denn die UNRWA ist ja dazu da, den palästinensischen Flüchtlingen zu helfen. Doch es gab in den vergangenen Jahren weitere Verwerfungen zwischen Israel und der UN.

Im April 1996 tötete israelische Artillerie mehr als einhundert libanesische Zivilisten in der Nähe des Dorfes Kana, die während feindlicher Auseinandersetzungen zwischen Israel und der Hizbollah in einem Bunker ganz in der Nähe eines UN-Beobachterpostens im Südlibanon Schutz gesucht hatten. Die Israelis erklärten, dies sei ein tragischer Zwischenfall gewesen, doch eine UN-Untersuchungskommission, die von einem holländischen General geleitet wurde, behauptete, Israel habe den Bunker absichtlich bombardiert.

Im Libanon-Krieg 2006 kam es erneut zu einem Zwischenfall. Ein UN-Posten im Südlibanon wurde aus der Luft angegriffen, dabei starben vier UNO-Friedenssoldaten. Generalsekretär Kofi Annan erklärte, noch bevor es eine Untersuchung gab, dass er geschockt sei über den absichtlichen Angriff der israelischen Armee. Israel war angesichts dieser Äußerung empört und erklärte, es habe aus der Umgebung des UNO-Postens Angriffe der Hizbollah-Miliz auf israelische Positionen gegeben. Dass Annan sich zu solch einer Äußerung hinreißen ließ, noch bevor er wirklich wusste, was geschehen war, ist für Israel der jüngste Beweis der grundsätzlich anti-israelischen Haltung der UNO.

Doch damit nicht genug: Im Oktober 2000 entführten Hizbollah-Kämpfer im Südlibanon drei israelische Soldaten. Die UNO-Truppen hatten die Entführung gefilmt, die Weltorganisation leugnete jedoch zunächst gegenüber Israel, dass es ein Band gäbe, behauptete weiter, dass sie keinerlei Informationen über die Entführung habe, und gab erst spät zu, durchaus Bescheid gewusst zu haben.

Im Jahre 2002 entrüstete sich der UNO-Nahostbeauftragte Terje Roed-Larsen über den Angriff der israelischen Armee auf das Flüchtlingslager in Jenin. Der Angriff, der die ganze

Innenstadt in Schutt und Asche legte, war eine Reaktion auf den Selbstmordanschlag im Park Hotel von Netanja am Abend des jüdischen Pessachfestes. Es war die Rede von einem Massaker, das Israel in Jenin veranstaltet haben soll, mehr als 500 Palästinenser seien von den Israelis hingemetzelt worden. Die UNO wollte eine Untersuchungskommission einsetzen, doch Israel ließ die Inspektoren nicht nach Jenin, Larsen wurde von den israelischen Politikern scharf attackiert. Später stellte sich heraus, dass die UNO der Propaganda der Palästinenser auf den Leim gegangen war. Ja, es gab Tote bei den Kämpfen, ungefähr 50 Palästinenser starben, aber von einem vorsätzlichen Massaker konnte nicht die Rede sein.

Inwieweit die UN tatsächlich anti-israelisch eingestimmt ist, mag Ansichtssache sein. Man kann argumentieren, dass ebenso, wie es nicht »objektiv« ist, dass eine politisch konzentrierte Stimmenmehrheit automatisch gegen Israel ist, es ebenso wenig richtig sein kann, dass ein einziger Staat, die USA, durch sein Veto etliche Versuche, Israel zu verurteilen, verhindern darf.

Doch die UN-Politik im Nahen Osten muss sich kritische Fragen gefallen lassen. Nach dem ersten israelisch-arabischen Krieg 1948 wurde das palästinensische Flüchtlingsproblem zu einem Kernpunkt der weiteren Auseinandersetzungen zwischen Israel und seinen Nachbarn. Seit 1948 ist die UNO die wichtigste Organisation, die sich um das Schicksal der Palästinenser kümmert. Die meisten Flüchtlingslager werden von ihr betreut und verwaltet. Dass es sie bis heute gibt, ist ein Ergebnis regionaler Politik. Die arabischen Staaten hatten keinerlei Interesse daran, die Flüchtlinge aufzunehmen oder sie gar zu rehabilitieren, indem man ihnen zum Beispiel staatsbürgerliche Freiheiten und Rechte zubilligte. Im Libanon dürfen palästinensische Flüchtlinge bis heute nicht studieren oder arbeiten, sie haben bis heute nicht die libanesische

Staatsbürgerschaft bekommen. Die UNO hat, anstatt eine solche Politik anzuprangern und Druck auszuüben, damit die Lager endlich geschlossen werden, mit zu einer Verlängerung des Flüchtlingselends beigetragen, indem sie weiterhin die Menschen unterstützt und sie somit seit 60 Jahren im selben politischen Status belässt.

Ähnlich gescheitert ist die Politik der UN in den demilitarisierten Zonen im Libanon und Syrien. Die dort stationierten Truppen haben es bis heute nicht geschafft, Gewalt zu verhindern; im Augenblick gelingt es ihnen nicht einmal, den Waffenschmuggel aus Syrien in den Libanon für die Hizbollah zu unterbinden. Wozu sind die UN-Truppen dann da? Welche Funktion haben sie eigentlich? Sie konnten noch nie die israelische Armee daran hindern, in den Libanon einzumarschieren, ebenso wenig haben sie etwas getan, um die Hizbollah daran zu hindern, an der Grenze zu Israel Stützpunkte und Waffenlager zu errichten, ganz zu schweigen von der Möglichkeit, Terrorangriffe auf Israel in irgendeiner Form zu unterbinden. Was ist die UNO im Libanon und Syrien? Kollaborateur? Ein Feigenblatt für die internationale Staatengemeinschaft, die so tut, als würde sie etwas zur Stabilisierung der Region beitragen?

Im Zivilbereich kümmert sich die UNO zwar aktiv um die Menschen, sie verteilt Nahrungsmittel, unterstützt Schulen, hilft medizinisch und beobachtet und überprüft die Lage vor Ort – doch mit den Ergebnissen dieses »Monitoring« geschieht so gut wie nichts, schließlich ist die UNO eine politische Organisation (obwohl ihre Charta etwas anderes behauptet), die ausschließlich nach den politischen Interessen ihrer Mitglieder funktioniert.

Unter Generalsekretär Kofi Annan versuchte die UNO eine größere Rolle in der internationalen Politik zu spielen. Die Einrichtung eines internationalen Gerichtshofes nach den Ereignissen im ehemaligen Jugoslawien war ein wichtiger Schritt in diese Richtung. Doch die Supermächte, allen voran die USA, sind nicht bereit, sich dem Diktat der UN unterzuordnen. Die Lage im Irak, die Menschenrechtsverletzungen im Gefängnis von Guantanamo würden allein schon dafür ausreichen, die USA an den Pranger zu stellen, das Land, das sich der Verbreitung der Menschenrechte und der Demokratie verpflichtet fühlt. Würden die USA es zulassen, dass die UNO irgendeine Form von juristischer Macht über sie ausüben könnte? Wohl kaum. Würden die USA es zulassen, dass ihre militärische Führung der Verfolgung durch internationale Gerichtshöfe ausgesetzt ist, wie das im Augenblick mit israelischen Politikern und Offizieren geschieht? Mit Sicherheit nicht, im Gegenteil, die USA würden der UN und den mit ihr verbundenen Organisationen mit einer Einstellung der Beitragszahlungen drohen – wie sie das schon in der Vergangenheit öfters getan haben.

Damit allerdings wird deutlich, wie schwach die UNO in Wirklichkeit ist. Sie ist zwar überall dort präsent, wo es Konflikte gibt – und damit ganz besonders im Nahen Osten im Einsatz. Doch solange die UNO sich nicht reformiert, eine unabhängige und politisch ausgewogenere Struktur erhält, wird sie letztendlich nicht viel mehr tun können, als den Menschen in Krisengebieten in ihrem täglichen Kampf ums Überleben zu helfen. Dabei wird die UN allerdings häufig zum unfreiwilligen Komplizen dubioser politischer Ziele regionaler Mächte. Und schließlich: Wie kann eine Organisation sich um Menschenrechte, Freiheit und Demokratie in der Welt kümmern, wenn der Großteil ihrer Mitglieder nach wie vor meilenweit davon entfernt ist?

Jerusalem – Stadt des Friedens

Seit 4000 Jahren wird um Jerusalem gekämpft. Und das, obwohl der Name der Stadt das hebräische und arabische Wort für Frieden beinhaltet:»Shalom«,»Salam«. Es gibt kaum eine Stadt, in der je so wenig Frieden herrschte wie in Jerusalem. Jerusalem kämpft stets mit seinem eigenen Mythos, seinen Widersprüchen.

Jerusalem – das ist die heilige Stadt. Die Stadt Davids, die Stadt des jüdischen Tempels, die Stadt, in der Jesus gekreuzigt wurde, die Stadt, von der aus Mohammed gen Himmel aufstieg.

Jerusalem – das ist die real existierende Großstadt. Die Stadt, in der ganz normale Menschen leben, ihr Tagwerk verrichten.

In seinem Gedicht »Touristen« beschreibt der israelische Dichter Yehuda Amichai dieses Dilemma:

Einmal saß ich auf den Treppen neben dem Tor zum Davidsturm, die zwei schweren Körbe stellte ich neben mich. Dort stand eine Touristengruppe um ihren Führer, und ich diente ihnen als Markierungszeichen. »Seht ihr diesen Mann mit den Körben? Etwas rechts von seinem Kopf befindet sich ein Bogen aus der Römerzeit. Etwas rechts von seinem Kopf. Aber er bewegt sich, er bewegt sich!« Ich dachte mir: Die Erlösung kommt nur, wenn man ihnen sagt: Seht ihr dort den Bogen aus der Römerzeit? Es spielt keine Rolle, doch daneben, etwas nach links und unter ihm, sitzt ein Mann, der Obst und Gemüse für seine Familie gekauft hat.«

In den rund 38 Jahrhunderten, die Jerusalem bereits existiert, wurde die Stadt mindestens siebzehn Mal vollständig zerstört, manchmal wurde ihr Name von den neuen Eroberern geändert, zur Zeit der römischen Herrschaft wurde aus Jerusalem etwa »Aelia Capitolina«.

Jerusalem ist eine der ältesten kontinuierlich bewohnten Städte der Welt und zugleich die politisch instabilste. Mehr als 25 verschiedene Völker haben über die Stadt geherrscht. Für niemanden war die Stadt aber so früh heilig wie für die Juden.

Vergäß ich dein, Jeruschalaim
versagte meine Rechte
es klebte meine Zunge mir am Gaumen
wenn dein ich nicht gedächte
hielt ich Jeruschalaim mir nicht vor
oban bei meinem Freudenspiel«
(Psalm 137, Übersetzung: Naftali Herz Tur-Sinai)

Die Bedeutung Jerusalems für das jüdische Volk ist immer wieder aufs Neue in Wort und Stein gemeißelt worden. Jerusalem ist für Juden mehr als nur eine Stadt, mehr als ein Ort, es ist ein Symbol, eine Metapher, die jeder Jude in der Diaspora in seinem Herzen mit sich herumträgt.

Jerusalem ist aber auch eine Metapher, ein Symbol, das für jeden Christen verbunden ist mit den Belohnungen und Strafen in der nächsten Welt.

Und Jerusalem ist ein Symbol, eine Metapher, die jeder Muslim mit dem letzten Gericht und dem Eintritt in das Paradies verbinden wird.

Jerusalem – dieses Wort erfüllt die Notwendigkeit des Monotheismus, sich auf ein einziges Ziel zu fokussieren, Jerusalem ist das Wort, das die nichtfassbare Logik des Universums in sich vereint, erklärt, zu definieren versucht.

Jerusalem wurde schon von allen drei Weltreligionen beherrscht. Jerusalem kennt den Machtkampf der Religionen, dieselbe Region zu beherrschen, die Berge ringsum, die alle Heiligtümer beinhalten, seit seinen Anfängen ...

Nach einer langen islamischen Herrschaftszeit über Jerusalem, bei gleichzeitiger großer Präsenz christlicher Gemeinschaften, die durch Pilger finanziell unterstützt wurden, sowie einer verarmten jüdischen Bevölkerung, die von den Glaubensbrüdern in der Diaspora versorgt wurde, übernahmen britische Truppen zu Beginn des 20. Jahrhunderts nach dem Ersten Weltkrieg die Kontrolle über die Stadt.

Eine der ersten Entscheidungen der britischen Behörden 1918 betraf die Baumaßnahmen in Jerusalem. Neubauten wurden in einem Umkreis von 1000 Fuß rund um den Felsendom völlig verboten, in einem weiteren Kreis von 9000 Fuß rund um die Altstadt durften keine Hochhäuser errichtet werden. Und schließlich: Alle Gebäude mussten aus demselben Jerusalemer »Goldenen« Stein gebaut werden. Dank dieser Verordnung ist Jerusalem gesegnet mit einer gewissen optischen Harmonie, selbst wenn die architektonischen Stile über Jahrzehnte und Jahrhunderte in oftmals brutalem Kontrast zueinander stehen.

Doch trotz dieser äußeren Harmonie – eine Stadt des Friedens ist Jerusalem bis heute nicht.

Während des Unabhängigkeitskrieges 1948 war das jüdische Jerusalem primäres Angriffsziel der arabischen Armeen. Die Kämpfe begannen nach Verkündigung des UN-Teilungsplans vom 27. November 1947. Arabische Truppen legten eine Blockade über die Zufahrtsstraße von Tel Aviv hinauf nach Jerusalem. Alle Versuche, diese zu durchbrechen, scheiterten anfänglich. Als die Briten abgezogen waren und Israel am 15. Mai 1948 seine Unabhängigkeit erklärte, brach der Krieg in vollem Ausmaß aus. Am 28. Mai eroberte die Arabische Legion das Jüdische Viertel in der Altstadt, und damit auch die Klagemauer, die Westmauer des einstigen jüdischen

Tempels vor 2000 Jahren, das größte Heiligtum des Judentums. Der Kommandeur der Legion, Abdallah el-Tal, beschreibt die Vorgänge: »... dann begannen die geplanten Operationen zur Zerstörung ... nur 4 Tage nachdem wir in Jerusalem eingedrungen waren, war das jüdische Viertel ein Friedhof geworden« (Abdallah el-Tal, Disaster of Palestine, Kairo 1959). Diejenigen Juden, die das Massaker überlebt hatten, ergaben sich und mussten ihre Häuser verlassen. Nachdem der Krieg 1949 vorbei war, wurde Jerusalem offiziell geteilt. Von 1948 bis 1967 war die Stadt durch Stacheldraht und Betonmauern getrennt. Die Mauer war zwar nicht ganz so »perfekt« wie in Berlin, aber mindestens so effektiv.

Im Ostteil wurden zwölf antike Synagogen, Bibliotheken und Religionsschulen völlig zerstört. Diejenigen, die nicht zerstört wurden, wurden entheiligt, als Wohnungen und Ställe verwendet. Immer wieder wurden Appelle an die UN und an die internationale Staatengemeinschaft gerichtet, man möge doch die Altstadt Jerusalems zur »Offenen Stadt« erklären und die Zerstörungen verhindern. Umsonst.

Dieser Zustand blieb so lange erhalten, bis Jordanien die Kontrolle über Ostjerusalem im Juni 1967 während des 6-Tage-Krieges verlor. Bis dahin hatten Juden keinerlei Zugangsrecht mehr zu ihrem wichtigsten Heiligtum, der Klagemauer. Die christliche Bevölkerung war in den Jahren der jordanischen Herrschaft von 25 000 auf 11 000 Menschen zusammengeschrumpft, da die Jordanier strikte Sanktionen und Gesetze gegen christliche Einrichtungen erlassen hatte.

Unterdessen begannen die Israelis ihren Teil Jerusalems als ein Gebilde, das sich in alle Himmelsrichtungen ausdehnt, zu planen. Das Zentrum der israelischen Hauptstadt mit der Knesset, dem israelischen Parlament, wurde auf einen Hügel im Westen der Stadt gebaut, die Hebräische Universität richtete sich auf dem Mount Scopus im Osten ein, das Israel Museum wurde wieder auf einem anderen Berg gebaut, ebenso die Holocaust-Gedenkstätte Yad Vashem. Alle diese staatstragenden Symbole wirken wie militärische Beobachtungsstationen, sie erscheinen wie eine gemeinsame, die Stadt verbindende »Strategie«. Man kann die Stadt nicht mehr als Einheit erobern, sie funktioniert via Verstreuung.

Nach dem Unabhängigkeitskrieg, in den fünfziger und frühen sechziger Jahren wurden neue jüdische Immigranten in Massenhäuserprojekten, die im Stil an sowjetische Sozialbauten erinnerten, untergebracht. Die Wohnsilos befanden sich entlang der Grenzlinie zwischen West und Ost. Israel versuchte damit die jüdische Präsenz so nah wie möglich an arabisch kontrollierte Stadtteile heranzuschieben. Diese Immigranten wurden gern und häufig zu Zielscheiben bei den immer wieder aufflammenden Schusswechseln zwischen jordanischen und israelischen Truppen. Häuser, die im Westteil der Stadt einst Arabern gehört hatten, wurden ebenfalls von den neuen Immigranten übernommen.

Als der 6-Tage-Krieg 1967 ausbrach, stand Jerusalem erst einmal nicht im Zentrum der Kämpfe. Doch nachdem die jordanische Armee Israel jenseits der Waffenstillstandslinie angriff und nachdem Israel die militärischen Basen der Jordanier in der Westbank überrannt hatte, eroberten jüdische Soldaten schließlich die Altstadt von Jerusalem. Sofort wurden alle Barrikaden und Stacheldrähte abgebaut, die die Stadt geteilt hatten. Nach Jahrzehnten hatten Juden wieder Zugang zum historischen jüdischen Viertel und zum gesamten Areal rund um die Klagemauer. In den ersten Tagen nach Kriegsende kamen Hunderttausende Juden zum Tempelberg, um das Wunder der Befreiung der Reste des jüdischen Heiligtums zu feiern. Sofort begann man, das zerstörte jüdische Viertel wieder aufzubauen.

Israel begann gleichzeitig die Grenze Jerusalems in Richtung Osten auszudehnen. Die Stadt wuchs rasant von 6,5 km^2 auf 71 km^2. Mehr als 28 palästinensische Dörfer ringsum wurden eingemeindet. Dabei bemühte sich die Regierung jedoch, so viel unbebautes Land wie möglich zu Jerusalem zu schlagen und die wirklich bevölkerungsreichen palästinensischen Zentren auszusparen. Das führte zu einem palästinensischen Bevölkerungsanteil in Jerusalem von lediglich knapp einem Viertel.

Am 11. Juni 1967 annektierte die israelische Regierung offiziell den Ostteil der Stadt. Von nun an sollte Jerusalem die ewige, ungeteilte Hauptstadt des jüdischen Staates bleiben.

Israel ging in seinem Bemühen, Jerusalem endgültig »jüdisch« zu machen, gezielt und vor allem massiv vor. Neue Stadtteile wurden gebaut, neue Stadtautobahnen. Alles wurde so angelegt, dass die Palästinenser weder innerhalb noch außerhalb der Stadt Möglichkeiten zur territorialen Ausdehnung hatten. Und damit Ostjerusalem niemals die Hauptstadt eines zukünftigen palästinensischen Staates werden kann, bauen Israelis immer noch auf den Hügeln rund um den Ostteil, um damit den jüdischen Bevölkerungsanteil auch dort weiter wachsen zu lassen. Auch in der Westbank wurden rund um Jerusalem neue Siedlungen gebaut, die allmählich an die Stadtgrenzen heranrücken oder bereits Teil der Stadt geworden sind. Damit können sich die palästinensischen Nachbarschaften nicht aufeinander zu bewegen, sie bleiben isoliert, sind von palästinensischen Städten in den besetzten Gebieten abgeschnitten. Innerhalb der Stadtgrenzen gibt es inzwischen sechzehn jüdische Siedlungsprojekte.

Die größte jüdische Siedlung außerhalb Ostjerusalems, noch gerade in Sichtweite der Heiligen Stadt, ist Ma'ale Adumim. Das Gebiet zwischen Siedlung und Stadtgrenze, »E 1« genannt, soll nun komplett zugebaut werden und somit Ma'ale Adumim und Jerusalem miteinander verbinden. Damit würde der mittlere und der südliche Teil der Westbank mehr oder weniger geteilt werden. 3500 Wohnungseinheiten sind hier geplant, der E 1-Plan sieht vor, rund 125 km² dafür in Anspruch zu nehmen. Dabei handelt es sich um palästinensisches Land, das den palästinensischen Dörfern Al-Tur, Anata, Al-Eizaryeh, Abu Dis, Al Essawyieh und Hizma gehört. Ma'ale Adumim ist bislang die größte jüdische Siedlung in der Westbank mit rund 30 000 Einwohnern auf mehr als 220 km². All dies ist enteignetes palästinensisches Land, von dem lediglich 3 km² aktuell wirklich bebaut sind. Der E 1-Plan wird dieses Gebiet um mehr als 50 Prozent vergrößern und soll Ma'ale Adumim schließlich mit den Siedlungen innerhalb Ostjerusalems verbinden.

Die Mauer rund um Jerusalem, ein Teil des sogenannten Sperrzauns in der Westbank, der Selbstmordattentätern den Zugang nach Israel unmöglich zu machen versucht, soll auf rund 190 km ausgedehnt werden. Sie wird sich entlang der Siedlung Har Adar hinüber nach Giva Ze'er ziehen und somit weitere palästinensische Gemeinden zerschneiden, sich noch weiter ostwärts ausdehnen, Ma'ale Adumim mit einbeziehen und sich im Süden bis hin zum Gush Etzion-Block in der Nähe von Bethlehem erstrecken. Wenn das gesamte Projekt durchgeführt sein wird, werden rund 230 000 Palästinenser in Jerusalem völlig von der Westbank abgeschnitten und durch die Mauer getrennt sein.

Jerusalem war schon immer eine Stadt, die sich durch die radikale Gegensätzlichkeit ihrer Bevölkerung auszeichnete: Juden und Araber, Muslime und Christen, Sefarden und Aschkenasen, Armenier und Kopten, Alawiten und Beduinen, Reiche und Arme, Zionisten und Antizionisten. Auch im frühen 21. Jahrhundert scheinen sich in Jerusalem alle aktuellen Probleme der Weltpolitik zu konzentrieren.

Inzwischen hat sich hier eine neue Entwicklung herauskristallisiert. Es gibt in Jerusalem inzwischen mehr säkulare als religiöse Juden. Und das bedeutet: Jerusalem entwickelt sich eher zu einer modernen israelischen Stadt als zu einem religiösen »Schrein«. Das führt innerhalb der jüdischen Bevölkerung zu Konflikten, die mitunter gewaltsam ausgetragen werden. Die Gewalt entzündet sich gern bei archäologischen Ausgrabungen. Die Archäologie in Israel dient nationalen Interessen. Jedes kleinste Detail, das einmal mehr beweist, dass Juden schon seit Urzeiten in der Stadt gelebt haben, zementiert den Anspruch Israels auf die Hauptstadt. Aber die Ausgrabungen stoßen oft auf jüdische Grabstätten, was die orthodoxen Juden erzürnt. Denn ein jüdisches Grab hat Ewigkeitswert, es darf, anders als im Christentum, niemals zerstört oder aufgelassen werden, es ist die Ruhestätte bis zum Tag der Erlösung, wenn der Messias kommt und alle Seelen wiederauferstehen.

Auch auf anderem Gebiet kommt es zu Streitereien zwischen Frommen und Laizisten. Die Frommen tun alles, um am Schabbat geschäftliche oder kulturelle Aktivitäten in der Stadt zu unterbinden. Inzwischen hat sich selbst im jüdischen Teil der Stadt eine Trennung vollzogen. Religiöse und nichtreligiöse Juden leben in unterschiedlichen Stadtteilen, wollen nichts mehr miteinander zu tun haben. Dabei sind die Frommen mit ihren zahlreichen Kindern meistens völlig verarmt und auf die Sozialunterstützung des Staates angewiesen. Die Frommen zahlen kaum Steuern, haben ihre eigenen unabhängigen Schulen, sie unterrichten in erster Linie nur religiöse Fächer und können somit so gut wie nichts zur Wertschöpfung des modernen Industriestaates beitragen, der sie ernährt und aushält.

Die Armen und die Reichen in einer säkularen Gesellschaft – das ist das aktuelle Thema auf der jüdischen Seite mit Folgen für die arabische Bevölkerung. Seit den sechziger Jahren haben die europäischen Einwanderer den wirtschaftlichen Aufstieg geschafft. Es folgten die jüdischen Einwanderer aus den orientalischen Ländern. Sie bezogen die Wohnsilos, die nun leer geworden waren, weit weg von den Zentren der Macht. Inzwischen besetzen aber auch Sefardim wichtige politische Machtpositionen, da sie sich der rechtsnationalen Likud-Partei und der marokkanisch-orthodoxen Schas-Partei angeschlossen haben. Die sefardische Bevölkerung von Jerusalem ist aber überwiegend rechtsnational, unterstützt das Fußball-Team Beitar Jerusalem, bei dessen Spielen regelmäßig anti-arabische Slogans gebrüllt werden.

Dies ist nur ein kleines Beispiel für die Teilung der Stadt, die seit 1967 eine vereinte Stadt sein sollte. Die Trennlinie zwischen Arabern und Juden war nie deutlicher als heute. Fromme, rechtsorientierte Juden aus dem Ausland finanzieren jüdische Siedler, die sich Häuser in den arabischen Wohnvierteln kaufen. Auch in der Altstadt geschieht das. Das Ziel ist klar: die Araber aus Jerusalem allmählich zu vertreiben. Das wird so lange weitergehen, bis eine israelische Regierung dem Einhalt gebietet. Im Augenblick wagt dies jedoch niemand. Jerusalem ist ein heißes Eisen, emotional, religiös und mythologisch dermaßen aufgeheizt, dass jeder Versuch, die aktuelle Lage zu verändern, jeden israelischen Politiker das Amt (und eventuell auch seinen Kopf) kosten würde. Also bleibt erst einmal alles wie es ist in der Stadt, die zwar von einer einzigen Verwaltung geleitet wird, in der Palästinenser aber nichts zu melden haben. Denn man misstraut ihnen. Sie könnten Terroristen unterstützen. Die arabischen Einwohner Jerusalems leben mit der Drohung, ihre Wohnrechte in der Stadt zu verlieren, wenn sie sich zum Beispiel entscheiden, im Ausland zu studieren. Sie dürfen noch nicht einmal ihre Häuser vergrößern, neue Anbauten werden meistens nicht genehmigt. Dabei ist die arabische Bevölkerung diejenige, die prozentual in Jerusalem am schnellsten wächst.

Jerusalem wird in einem endgültigen Friedensvertrag zwischen Palästinensern und Israelis zum Kern aller Entscheidungen. In der demagogischen Rhetorik beider Seiten wird stets von ganz Jerusalem gesprochen. Israelis und Palästinenser sehen Jerusalem (auf Arabisch: Al-Kuds, die Heilige) als ihre ungeteilte Hauptstadt. Doch jeder halbwegs vernünftige Mensch weiß, wie die Lösung aussehen muss, bei Verhandlungen in der Vergangenheit wurde dies oft schon angesprochen. Westjerusalem bleibt die Hauptstadt Israels, Ostjerusalem wird die Hauptstadt des zukünftigen Palästinenserstaates, und die heiligen Stätten kommen unter internationale Verwaltung der UNO, wie das schon einmal, bei dem Waffenstillstandsabkommen von 1949, vorgeschlagen wurde.

Doch es gibt derzeit noch mehr Konflikte um Jerusalem. Die russisch-orthodoxe Kirche hat soeben ihr Land zurückverlangt, auf dem eine Reihe israelischer Regierungsinstitutionen stehen. Seit Jahren kaufen die Kirchen in und um Jerusalem immer mehr Land auf.

Ende 2004 belief sich die Gesamtzahl der Einwohner Jerusalems auf 706 300, davon waren 469 200 Juden, 237 000 Araber. Jerusalem ist damit die größte Stadt Israels. Aber der jüdische Anteil der Bevölkerung nimmt beständig ab. Seit 1967 schrumpfte er von 74 Prozent auf 72 Prozent 1980, schließlich auf 67 Prozent im Jahr 2003. Im Gegenzug wuchs die arabische Bevölkerung von 26 Prozent 1967 auf 28 Prozent 1980 und 2003 auf 33 Prozent.

Für säkulare Juden und Palästinenser ist es enorm schwer geworden, sich in Jerusalem anzusiedeln. Die säkularen Juden werden darauf achten, nicht in arabische Wohngegenden zu ziehen, aber auch nicht in ultraorthodoxe jüdische Viertel. Und Palästinenser haben sowieso kaum noch Chancen, sich irgendwie niederzulassen. Die israelischen Institutionen wissen das zu verhindern, um die Expansionspläne in Jerusalem nicht zu gefährden.

Die Heilige Stadt steht permanent kurz vor der großen Explosion. Religiöses Symbol aller Religionen und Völker in der Region, ökonomisch schwach, hohe Kriminalität und Gewaltbereitschaft, leichter Zugang für Terroristen aus der nahe gelegenen Westbank – dieses Gemisch macht die Geschehnisse in und um die Stadt so brisant.

Obwohl sich die Regierung verzweifelt bemüht, Anreize zu liefern, ist es schwer, israelische Hightech-Industrien und große Bankunternehmen zu bewegen, Jerusalem als Standort zu wählen. Sogar Studenten, die für die Universitäten in Jerusalem großzügigere Stipendien erhalten als anderswo, sind nach dem Studium nicht gewillt zu bleiben. Die junge, urbane, hochprofessionell ausgebildete Elite verlässt die Stadt. Zurück bleiben die religiösen, bildungsschwachen, verarmten Schichten. Nachdem in jüngster Zeit die Immobilienpreise in Jerusalem explodiert sind, weil viele reiche amerikanische und französische Juden sich in der Heiligen Stadt einkaufen, wird die arme Bevölkerung auch noch aus der Stadt in die Randgebiete vertrieben, wo es noch weniger Arbeitsplätze und Aufstiegschancen gibt.

Jerusalem ist eine zutiefst geteilte und problematische Stadt. Ihr optisches Symbol, die goldene Kuppel des Felsendomes, ist auf allen Propagandablättern und -fahnen von Fundamentalisten der gesamten muslimischen Welt zu sehen. Die Sehnsucht, Jerusalem aus den Händen der Juden zu befreien, ist zum Beispiel ein erklärtes Ziel der Politik Teherans. Juden werden ihren Anspruch auf die Stadt freilich nie aufgeben. Jerusalem wird in der Thora über 800 Mal erwähnt. Im Koran kein einziges Mal. Mit diesem Argument versuchen die Frommen den Anspruch des Islams auf die Stadt hinwegzureden. Es wird nichts nützen.

Der Kampf um Jerusalem wird den Ausgang des Nahostkonfliktes entscheiden.

Ägypten, Jordanien und Israel:
Ein kalter Frieden

Es gibt Frieden im Nahen Osten, aber es ist ein kalter Frieden. Israel hat zwar offiziell mit Ägypten (1979) und Jordanien (1995) Friedensverträge abgeschlossen. Doch beide arabische Staaten haben bislang keine normalen Beziehungen aufgenommen, wie das bei wirklich befreundeten Staaten üblich ist. Was immer es an privaten, nicht-politischen Kontakten gibt – es wird stets verschwiegen oder hinter den Kulissen abgehandelt. Die Tatsache, dass es für Israelis gefährlich ist, in diese beiden »befreundeten« Länder zu reisen, wenn im Nahen Osten mal wieder Kämpfe aufflackern, vor allem zwischen Israel und den Palästinensern, ist ein deutliches Zeichen. Auf der politischen Ebene funktioniert der Frieden. Jordaniens Königshaus hat schon seit den Gründungsjahren Israels ein relativ gutes Verhältnis zu Jerusalem, Ägypten dient als Vermittler in den Auseinandersetzungen zwischen Palästinensern und Israelis. Aber der Frieden erreicht nicht das Volk, erreicht nicht »die arabische Straße«, im Gegenteil. Es gibt eine starke Opposition, die gegen jegliche öffentliche Manifestation der guten Beziehungen zu Israel protestiert.

Die Früchte des Friedens kommen vor allem aus den USA. Ägypten und Jordanien erhalten enorme Finanzhilfen, um ihre Wirtschaft auf den (trotz allem ziemlich wackeligen) Beinen zu halten. Die wenigen Ausnahmen: der jüngste Gas-Deal zwischen Ägypten und Israel, das QIZ-Abkommen zwischen den beiden Staaten und einige wenige Wirtschaftsvereinbarungen zwischen Israel und Jordanien.

117

Ägypten

1977 unterschrieb Präsident Anwar al-Sadat den Friedensvertrag mit Israel. Dieser Schritt wurde möglich, nachdem Ägyptens Armee einen Teilsieg über Israel im Jom-Kippur-Krieg 1973 errungen hatte und somit die Schande der katastrophalen Niederlage im 6-Tage-Krieg 1967 wettmachen konnte. Sadats Schritt war wagemutig. Er machte sich sogar auf den Weg nach Jerusalem, sprach dort in der Knesset, wo er begeistert empfangen wurde; die Israelis waren völlig aus dem Häuschen. Die arabische Welt war wütend, entsetzt, tobte, denn damals war niemand, absolut niemand bereit, Israel in irgendeiner Form anzuerkennen, geschweige denn mit dem jüdischen Staat in irgendwelchen Kontakt zu treten. Doch Sadat war weitsichtig. Er war Pragmatiker und Realist, ihm war klar, dass der jüdische Staat nicht zu besiegen ist. Also arrangierte er sich mit ihm. Herzlich gerne, wie sich in den persönlichen Beziehungen zwischen ihm und hochrangigen israelischen Politikern und Offizieren herausstellen sollte. Sadat wusste genau, dass er den Frieden mit Israel brauchte, um die Wirtschaft und das Militär in seinem Land aufzubauen. Er brauchte den Frieden auch, um Bündnispartner der USA werden zu können.

Israel gab für diesen Friedensschluss die gesamte Sinai-Halbinsel zurück, die es 1967 erobert hatte und die Ägypten im Jom-Kippur-Krieg nicht hatte zurückerlangen können.

Die Friedensdividende für Ägypten war groß. Neben Israel ist Ägypten mittlerweile der wichtigste politische Partner des Westens im Nahen Osten. Es hat die allerbeste militärische Ausrüstung erhalten. Die Amerikaner entwickeln inzwischen sogar zusammen mit der ägyptischen Militärindustrie neue Waffentechnologien. Seit dem »Frieden von Camp David« hat damit die ägyptische Armee den Übergang von der sowjetischen zur amerikanischen Militärdoktrin vollzogen, das heißt, die Gegner werden heute anderswo gesehen als noch zur Zeit des sowjetischen Einflusses. Zum ersten Mal sichtbar wurde dieser grundlegende Wandel 1991, als die Ägypter den Amerikanern aktiv halfen, eine arabische Koalition zu schmieden, die Seite an Seite mit der US-Armee gegen Saddam Hussein im Golfkrieg kämpfte.

Als der Kalte Krieg zu Ende ging und das kommunistische System in Osteuropa zusammenbrach, wurde der ägyptischen Führung erst so richtig klar, wie vorausschauend Sadat gewesen war. Andere arabische Staaten, wie Irak oder Syrien, erkannten die Zeichen der Zeit viel zu spät – oder gar nicht.

Ägypten verlor durch den Friedensschluss mit einem Schlag die Führungsposition innerhalb der arabischen Welt, die es seit 1945 unangefochten innegehabt hatte. Die Büros der Arabischen Liga wurden von Kairo nach Tunis verlegt. Die Wut auf Sadat war umso größer, als der Friedensvertrag, der in Camp David, dem Sommersitz des amerikanischen Präsidenten, geschlossen wurde, an keinerlei Konditionen gebunden war. Sadat hatte Israel nicht gedrängt, weitere Friedensverträge mit anderen arabischen Staaten oder den Palästinensern zu schließen. Im Oktober 1981 führte der Widerstand gegen den Frieden schließlich zur Ermordung Sadats. Aus der heutigen Sicht gibt es allerdings keinen Zweifel: Sadat hat mit seinem mutigen Schritt die späteren Gespräche zwischen Israel und der arabischen Welt überhaupt erst möglich gemacht.

Wie konsequent Sadat mit seinem Bestreben war, echten Frieden mit dem jüdischen Nachbarn zu erreichen, zeigte sich 1981. Kurz nach einem Gipfeltreffen in Ägypten zwischen ihm und dem damaligen israelischen Premier Menachem Begin bombardierte die israelische Luftwaffe den irakischen Atomreaktor Osirak, zerstörte ihn und verhinderte damit die atomare Aufrüstung des Iraks von Saddam Hussein.

Der Angriff war natürlich ein kriegerischer Akt. Und demzufolge wären die Mitglieder der Arabischen Liga (AL) verpflichtet gewesen, dem Irak, einem Mitglied der AL, militärisch zur Hilfe zu eilen. Ägypten machte keinerlei Anstalten in diese Richtung, begnügte sich lediglich damit, den Angriff zu verurteilen. Die Beziehungen zu Israel wurden fortgesetzt. 1982 zog die israelische Armee schließlich vollständig aus dem Sinai ab und gab die Halbinsel an Ägypten zurück.

Nach dem Tode Sadats fragte sich Israel besorgt, wie dessen Nachfolger mit dem Friedensvertrag umgehen werde. Hosni Mubarak, der neue Staatspräsident Ägyptens, musste schon gleich zu Beginn seiner Amtszeit den Beweis antreten, dass er dessen würdiger Nachfolger war. Als die israelische Armee 1982 als Reaktion auf einen palästinensischen Terrorangriff in den Libanon einmarschierte, schraubte er zwar zunächst die Beziehungen zu Israel auf ein Minimum herunter. Und kritisierte natürlich den Einmarsch aufs Schärfste. Aber auch das neue ägyptische Regime tat nichts, um den Friedensvertrag zu gefährden oder gar aufzukündigen.

Im Laufe der gesamten Regierungsperiode Mubaraks, bis auf den heutigen Tag, gab es zahlreiche Krisen in den Beziehungen zwischen Israel und Ägypten. Der Stein des Anstoßes war lange Zeit die Weigerung Israels, sich mit der PLO an einen Tisch zu setzen. Das änderte sich erst mit der Madrider Friedenskonferenz im Oktober 1991, als die USA ihren Partner dazu zwangen – eine Folge der neuen »Weltordnung«, die Präsident George Bush schaffen wollte, und zugleich eine Geste der USA gegenüber ihren arabischen Verbündeten während des Golfkrieges gegen Saddam.

Selbst als die Erste Intifada 1987 ausbrach und zur gleichen Zeit Israels Atomwaffenprogramm durch die Veröffentlichungen des israelischen Atomphysikers Mordechai Vanunu in der englischen Presse internationale Erregung auslöste, hielt Ägypten den Frieden mit Israel aufrecht. Natürlich for-

derte Mubarak damals (wie heute!), dass Israel seine Atoman-
lage in Dimona einer internationalen Überprüfung unterzie-
hen lassen müsse. Aber das sind die üblichen Lippenbekennt-
nisse, die notwendigen und auch verständlichen Forderungen,
denen keine echten Taten folgen.

Die Spannungen zwischen beiden Ländern verschärften
sich während der Zweiten Intifada, als die israelische Armee
palästinensisches Gebiet zurückeroberte, das Israel längst im
Rahmen des Friedensprozesses von Oslo an die Palästinenser
übergeben hatte. Die Militäraktionen wurden immer heftiger. Jassir Arafat wurde in Ramallah belagert, in kompletter
Isolation gehalten, die Mukata, der »Präsidentenpalast«, fast
vollständig zerstört, der Zugang ganz unter israelische Kontrolle gestellt. Ägypten reagierte wieder empört, zog zeitweise
seinen Botschafter aus Israel ab. Aber erneut tat Mubarak
nichts, um den Frieden zu gefährden.

Nachdem sich Israel 2005 entschieden hatte, seine Siedlungen im Gazastreifen aufzulösen, aus Gaza abzuziehen und das
Gebiet endgültig den Palästinensern zu überlassen, veränderten sich die Beziehungen zwischen Ägypten und Israel spürbar.
Nach dem Gipfeltreffen in Sharm El-Sheikh im Februar 2005
zwischen Israels Ministerpräsident Sharon und Palästinenserpräsident Mahmud Abbas und einem Treffen zwischen Mubarak und Sharon wurden die Beziehungen deutlich herzlicher.
Ursprünglich hatte Kairo den einseitigen Abzugsplan Sharons
mit Argwohn verfolgt, hatte Bedenken. Doch nach und nach
adaptierte Mubarak Sharons Blick auf die Lage und unterstützte schließlich Israels Vorhaben. Führende Politiker und
Militärs beider Länder trafen sich regelmäßig, um miteinander den Abzug zu planen. Ägypten half schließlich aktiv mit
und erklärte sich bereit, mit seiner Armee in Zukunft seine
Grenze zu Gaza (als sogenannte Philadelphi-Route bekannt)
zu kontrollieren, so dass Israels Armee vollständig Gaza verlassen konnte. Ein Abkommen wurde geschlossen, das vorsah,

121

dass 750 ägyptische Nationalgardisten zusätzlich zu der durch das Friedensabkommen 1979 garantierten kleinen Polizeieinheit an der Grenze stationiert werden können. Die Regierung in Jerusalem sah nach Beratungen mit dem Generalstaatsanwalt dieses Zusatzabkommen nicht als Verletzung des Friedensabkommens an, was ansonsten bedeutet hätte, dass man zusätzliche Appendices an den Vertrag hätte anfügen oder den Vertrag sogar konkret hätte ändern müssen.

Heute verlangt Israel, dass die ägyptischen Sicherheitskräfte die Grenze noch schärfer kontrollieren, dass sie noch intensiver den Waffenschmuggel nach Gaza unterbinden. Bis jetzt ist Ägypten allerdings diesen Forderungen nicht wirklich nachgekommen. Aus israelischer Sicht tut der Nachbarstaat zu wenig, um Israel vor den Waffen, die an die Hamas nach Gaza eingeschmuggelt werden, zu schützen.

Die allgemeine Wahrnehmung Israels in Ägypten ist bis auf den heutigen Tag feindselig. Die Menschen betrachten ihr Land immer noch als im Konflikt mit Israel, man geht sogar davon aus, dass es jederzeit zum Krieg zwischen beiden Staaten kommen könnte. Die Ägypter haben nach wie vor Vorurteile gegenüber Israel, dem Zionismus, dem jüdischen Volk. Immer wieder protestiert Israel gegen entsprechende Karikaturen in ägyptischen Zeitungen, die sich ganz bewusst an die »Stürmer«-Karikaturen der Nazi-Zeit anlehnen. Staatlich kontrollierte Zeitungen dämonisieren Israel, sprechen dem jüdischen Volk und seinen Führern jegliche Menschlichkeit ab, veröffentlichen antisemitische Artikel. Ägyptens Filmindustrie produzierte jüngst sogar eine TV-Serie, die auf den »Protokollen der Weisen von Zion« basiert, einem antisemitischen Pamphlet aus dem zaristischen Russland des 19. Jahrhunderts, das behauptet, es gäbe eine jüdische Weltverschwörung.

Doch all dies ist nur ein Symptom für ein viel tiefer liegendes Problem: die Wahrnehmung Israels durch die ägyptische Führung.

Kairo betrachtet Israel bis heute wenn nicht als Feind, dann auf alle Fälle als Hauptrivalen um die regionale Hegemonie. Ägypten fürchtet, dass Israel von einem allumfassenden Frieden mit der arabischen Welt mehr profitieren könnte als das Land der Pharaonen.

Alle ägyptischen Herrscher, selbst Sadat, aber besonders Hosni Mubarak und Amr Musa, seine rechte Hand in Sachen Außenpolitik – zunächst in der Position des ägyptischen Außenministers, inzwischen als Generalsekretär der Arabischen Liga –, wollten mit dem Friedensprozess vor allem eins erreichen, Israel wieder auf seine »natürliche Größe« zu reduzieren, also es hinter die Grenzen von 1967 zurückdrängen und somit seiner strategischen Vorteile zu berauben. Dazu gehört nicht nur die geostrategische Tiefe, die die besetzten Gebiete Israel bieten, sondern auch das nukleare Potential Israels. Israel wird nach wie vor als strategische Gefahr für das eigene Land begriffen, trotz des offiziell geschlossenen Friedens. Misstrauisch beäugt Kairo auch die Beziehungen zwischen der Türkei und Israel, die militärische Kooperation zwischen Ankara und Jerusalem – auch hier sprechen ägyptische Politiker von einer Bedrohung für das eigene Land.

Konsequent hat Hosni Mubarak Israel noch nie einen Staatsbesuch abgestattet. Er war nur einmal in Israel, als er zur Beerdigung des ermordeten israelischen Ministerpräsidenten Jitzhak Rabin nach Jerusalem reiste. Die Botschaft dieser Haltung ist eindeutig: Der Frieden mit Israel dient ägyptischen Interessen, aber es ist kein Anlass zum Feiern.

Daher gibt es auch so gut wie keinen ägyptischen Tourismus nach Israel, keinen Kulturaustausch, keine gemeinsamen wissenschaftlichen Projekte, keine Zusammenarbeit im Bereich der Archäologie, keine Verständigung im Umweltschutz. Nichts. Nichts von alledem, was man von zwei Staaten erwarten könnte, die in Frieden miteinander leben. Ägyptische Gewerkschaften haben jeglichen Kontakt mit Israel untersagt

und jeden Versuch, einen solchen herzustellen, unter Strafe
gestellt. Die israelischen Diplomaten in Kairo lebten völlig
isoliert. Ganz anders dagegen in Israel: Der ägyptische Botschafter ist hier Teil des politischen und kulturellen Establish-
ments, man sieht ihn häufig auf Empfängen, zu sozialen und
festlichen Anlässen. Er ist ein Teil des öffentlichen israelischen
Lebens. Das zeigt, wie aufgeschlossen Israel gegenüber Ägypten ist. Bis 2004 reisten Israelis gerne als Touristen hinüber ins
Nachbarland, so lange, bis das israelische Außenministerium
wegen möglicher Terroranschläge davor warnte. Im Norden
der Sinai-Wüste waren die Israelis ein wichtiger Wirtschafts-
faktor für die Region. Israelische Schekel wurden als Zah-
lungsmittel akzeptiert, die ägyptischen Geschäftsleute sprachen sogar ein wenig Hebräisch. Mit dem Beginn der großen
Terroranschläge von Al-Kaida im Sinai hörte das alles schlagartig auf. Heute reisen nur noch israelische Araber hinüber
nach Ägypten. Immerhin – als israelische Touristen Opfer des
Terrors im Sinai wurden, erlaubte Ägypten Israel, seine Ver-
letzten selbst aus dem Sinai zu evakuieren.

Im Dezember 2004 unterzeichneten Ägypten und Israel unter Vermittlung der USA einen Handelsvertrag, den sogenannten QIZ-Vertrag (Qualified Industrial Zones). In sieben
gemeinsamen Industriezonen werden in ägyptisch-israeli-
scher Zusammenarbeit Waren für den amerikanischen Markt
hergestellt. Die Einfuhr in die USA ist zollfrei. Der Vertrag
wurde von Ehud Olmert, damals noch stellvertretender Ministerpräsident Israels, und dem ägyptischen Minister für Au-
ßenhandel und Industrie Rashid Mohammed Rashid unterzeichnet. 15 000 neue Arbeitsstellen schuf dieses Abkommen
für Ägypten. Doch die Einfuhr israelischer Waren nach Ägypten ist nach wie vor gering. Ein israelisch-arabischer Textil-
händler namens Azam Azam wurde in Ägypten für acht Jahre
ins Gefängnis geworfen, weil er angeblich für Israel spioniert
haben soll. Mubarak begnadigte ihn und erlaubte seine Rück-

kehr nach Israel als Geste gegenüber Ministerpräsident Ariel Sharon. Sein Fall sollte jedoch als Warnung an israelische Geschäftsleute dienen, keine Geschäfte mit Ägypten oder gar in Ägypten zu machen.

Doch paradoxerweise ist Ägypten inzwischen ein ganz selbstverständlicher »Broker« im Nahost-Poker. Die Ägypter versuchen stets, zwischen Israel und seinen Feinden zu vermitteln. Sie sind in die Verhandlungsbemühungen zur Freilassung des von der Hamas im Sommer 2006 gekidnappten und nach Gaza verschleppten israelischen Soldaten Gilad Shalit involviert. Ägypten aus zukünftigen Friedensverhandlungen auszuschließen, wäre nicht mehr möglich. Und auch nicht klug. Das Land am Nil hat seine Vormachtstellung zumindest in der sunnitischen Welt wiedererobert. Ohne Ägypten gibt es keinen weiteren Frieden zwischen Israel und anderen arabischen Staaten.

Jordanien

Seit den Anfängen des jüdischen Staates waren die Beziehungen zwischen Israel und Jordanien anders als mit allen anderen arabischen Staaten. Sogar in Zeiten des Krieges blieben die Führer beider Staaten stets im Dialog miteinander. Als 1971 ein Anschlag auf König Hussein von Jordanien geplant wurde, war es Israel, das dieses Komplott aufdeckte und dem König das Leben rettete. Jordanien hat selbst vor dem offiziellen Friedensvertrag mit Israel stets als informeller Vermittler zu anderen arabischen Staaten gedient. Doch erst rund zwanzig Jahre nach dem Friedensvertrag zwischen Ägypten und Israel unterzeichnete auch König Hussein 1995 einen Friedensvertrag mit dem damaligen israelischen Premier Jitzhak Rabin.

Denn anders als Sadat konnte es sich Hussein nicht erlauben, Frieden mit Israel zu schließen ohne breite arabische Rückendeckung. Dazu war Jordanien als Staat viel zu schwach. Da die Mehrheit der jordanischen Staatsbürger Palästinenser sind, fürchtete Hussein, ein voreilig geschlossener Frieden könne einen Umsturzversuch auslösen.

Nach dem 6-Tage-Krieg 1967 beging Israel einen strategischen Fehler. Wenn Jerusalem bereit gewesen wäre, mit Jordanien zu verhandeln und die Westbank zurückzugeben, hätte König Hussein sofort Frieden geschlossen, das Problem mit der Besatzung und Okkupation der Palästinenser wäre so nicht entstanden. So blieb Hussein nichts anderes übrig, als bis zum Zeitpunkt der Oslo-Verträge, als Israel die PLO als Vertreter des palästinensischen Volkes anerkannte, als offizieller Vertreter der PLO die Interessen der Palästinenser in allen Bereichen der Friedensverhandlungen zu formulieren.

Trotz der traditionell guten Beziehungen zwischen den israelischen Regierungen und dem jordanischen Königshaus – die Situation »auf der Straße« ist in Amman nicht viel anders als in Kairo. Niemand will wirklichen Kontakt mit Israel haben. Auch nach Jordanien reisen immer wieder israelische Touristen, umgekehrt geschieht das so gut wie nie. Die Zusammenarbeit beider Länder beschränkt sich auf die Bereiche Landwirtschaft und Wasserversorgung. Es wurden zwar immer wieder Versuche unternommen, sogenannte »joint ventures« zu entwickeln, doch bislang vergeblich. Auch hier ist der Frieden kalt.

Trotzdem hat der Frieden natürlich auch für die Jordanier seinen Vorteil. Die Beziehungen zu den USA sind hervorragend, die Amerikaner gewähren dem Land einen Sonderstatus, was vor allem wirtschaftliche und strategische Unterstützung für das Haschemitenreich bedeutet. Jordanien hat sogar den amerikanischen Einmarsch in den Irak unterstützt.

Anders als Ägypten, ist Jordanien allerdings keine Bedrohung für Israel. Dazu ist das Land zu schwach und zu klein. Das Militär hat nicht annähernd die Stärke der ägyptischen Armee. Die Gefahr, die Israel aus Jordanien droht, ist eine andere. Das Land besteht, wie gesagt, überwiegend aus Palästinensern, die natürlich mit ihren Brüdern und Schwestern im Westjordanland sympathisieren. König Abdallah, der Sohn des 1999 verstorbenen König Hussein, muss täglich einen Balanceakt ausüben, um seine Untertanen nicht gegen sich aufzubringen. Das ist das eine. Das andere: Durch das Chaos im Irak droht Jordanien möglicherweise zum neuen strategischen Stützpunkt islamistischer Terroristen zu werden. Wenn sie Israel treffen wollen, müssen sie näher heran, und das hieße, sich in Jordanien festzusetzen. Die jordanische Armee und die Polizei gehen immer wieder gegen Terroristenzellen vor, doch es ist die Frage, ob sich das kleine Land langfristig gegen eine solche Infiltration wehren kann. Was aber, wenn es gelänge, größere Terroranschläge auf Israel von Jordanien aus zu verüben?

Und schließlich: Jahrzehntelang haben rechte Politiker in Israel, allen voran Ariel Sharon, Jordanien als das »natürliche« Heimatland der Palästinenser angesehen – angesichts der demographischen Situation jenseits des Jordan. Immer wieder wurde offen darüber nachgedacht, ob man die Palästinenser diesseits des Jordan nicht schlicht auf die andere, jordanische Seite »transferieren« soll, um das Problem in Judäa und Shomron, in der Westbank, somit zu »lösen«. Diese Idee ist schon lange vom Tisch, nicht einmal ultrarechte Israelis denken noch darüber nach. Das aber heißt nicht, dass dieser Plan nicht eines Tages doch wieder aus der Schublade gezogen werden könnte, wenn sich die Lage vor Ort radikal verschlechtert und die überregionale politische Situation dies auch zuließe.

Der Frieden zwischen Israel, Ägypten und Jordanien ist ein kalter Frieden. Und wenn eines Tages der mittlerweile auch schon weit über 70 Jahre alte ägyptische Präsident Mubarak abtreten sollte, wird Israel sich erneut bang fragen, ob der Vertrag mit dem südlichen Nachbarland hält. Nein, einen Frieden wie in Westeuropa nach dem Zweiten Weltkrieg gibt es im Nahen Osten nicht. Doch das, was die drei Staaten bislang miteinander erreicht haben, ist im Augenblick die »beste aller möglichen Welten« im Nahostkonflikt.

Die Palästinensische Autonomiebehörde

Die israelisch-palästinensische »Declaration of Principles«, kurz: DOP, im Jahr 1993 war der erste einer Reihe von Schritten, die als »Oslo-Friedensprozess« bekannt wurden. Die DOP sah einen Zwei-Stufen-Plan für die Zukunft der besetzten Gebiete vor, das heißt für den Gazastreifen und die sogenannte Westbank, das Westjordanland.

Die erste Stufe, die Interimszeit, sollte fünf Jahre dauern, währenddessen sich Israel allmählich aus den Bevölkerungszentren der Palästinenser zurückziehen würde. Gleichzeitig sollte Israel die Verwaltungsautorität in die Hände der Palästinensischen Autonomiebehörde übergeben (»Palestinian Authority« kurz: PA), die dazu erst geschaffen und gewählt werden musste.

Diese Übergabe der Macht und Verantwortung für den Gazastreifen und in der Westbank zunächst für die Stadt Jericho fand im Anschluss an die sogenannte Kairoer Vereinbarung statt, die am 4. Mai 1994 zwischen der PLO und Israel geschlossen wurde. Als unmittelbare Folge dieser Vereinbarung kehrte Jassir Arafat, der langjährige Führer des palästinensischen Widerstands und der PLO, aus dem tunesischen Exil in die palästinensischen Gebiete »zurück«, um die Kontrolle dort zu übernehmen.

Am 28. September 1995 wurde ein weiteres Zwischenabkommen geschlossen, das eine Übergabe weiterer Gebiete im Westjordanland ermöglichte. Am 15. Januar 1997 wurde ein Protokoll unterzeichnet, das einen Teilrückzug der israeli-

schen Armee aus Hebron vorsah. Danach wurden noch zwei
weitere Verträge abgeschlossen, das Wye-River-Memoran-
dum am 23. Oktober 1998 und das Abkommen von Sharm El-
Sheikh am 4. September 1999.

Die allmähliche Umsetzung der Oslo-Vereinbarungen
führte dazu, dass die PA die Kontrolle über den gesamten Gazastreifen übernahm, mit Ausnahme der israelischen Siedlungen, die sich noch bis zum Sommer 2005 dort befanden. Die
Palästinenser hatten damit zunächst 85 Prozent des Gazastreifens erhalten.

In der Westbank, die von den Israelis nach biblischem Vorbild Judäa und Samaria genannt wird, erhielt die PA zunächst
39,7 Prozent des Gesamtgebietes, das Israel nach dem 6-Tage-
Krieg von 1967 erobert hatte. Diese Gebiete wurden so aus-
gewählt, dass rund 99 Prozent der palästinensischen Bevölkerung (vor allem in den Ballungszentren) unter die Verwaltung
der PA kamen und somit die Besatzungsmacht Israel nicht
mehr für sie verantwortlich war.

Achtzehn Monate später als ursprünglich geplant wählten
die Palästinenser am 20. Januar 1996 zum ersten Mal ein Parlament, das aus 88 Abgeordneten zusammengesetzt war. Und
es wurde auch der Präsident der PA vom Volk gewählt.

Dr. Haider Abdul Shafi, der die PLO-Delegation bei der
Friedenskonferenz von Madrid 1991 angeführt hatte, bot seine
Kandidatur an, die von Arafat sofort zurückgewiesen wurde. Als
Shafi daraufhin erklärte, er werde dennoch zur Wahl antreten,
explodierte in seinem Haus eine Bombe. Daraufhin beschloss
er umgehend, seine Kandidatur zurückzuziehen.

Natürlich wurde Jassir Arafat der erste Präsident der Palästinensischen Autonomiebehörde, er gewann mit 88,1 Prozent
der Stimmen. Sein Hauptgegner (der allerdings nicht dasselbe Ansehen bei der Bevölkerung hatte wie Dr. Shafi), Sa-
miha Yusuf Khalil, konnte gerade mal 9,3 Prozent der Stimmen auf sich vereinen.

Bei den Wahlen, die in 16 Distrikten der Westbank, des Gazastreifens und in Ostjerusalem abgehalten wurden, gingen 50 der 88 Parlamentssitze an die von Arafat geführte Fatah-Bewegung. Die meisten der anderen Sitze gingen an verschiedene kleinere Parteien, die aber überwiegend loyal zu Arafat standen.

Internationale Beobachter der Wahlen konnten zwar damals einige kleinere »Unregelmäßigkeiten« beobachten, priesen jedoch das hohe Wahlaufkommen und die durchaus effektive Wahlorganisation. Immerhin war es die erste Wahl in der Geschichte des palästinensischen Volkes.

Der Präsident der Palästinensischen Autonomiebehörde ist das höchste Amt in der palästinensischen Politik. Er ist der Regierungschef und hat nicht nur, wie etwa in Deutschland, repräsentativen Charakter. Der Ministerpräsident wird direkt vom Präsidenten ernannt, also nicht vom Parlament oder gar vom Volk gewählt. Er ist nicht Teil des Parlaments und wird obendrein völlig unabhängig von der regierenden Partei bestimmt. Er sollte allerdings die Regierungskoalition im Parlament oder zumindest die stärkste Fraktion repräsentieren.

Im Juni 2005 verabschiedete das palästinensische Parlament ein Gesetz, das eine Erhöhung der Abgeordnetenzahl von 88 auf 132 vorsah.

Nach dem palästinensischen »Grundgesetz«, das Arafat erst im Jahre 2002 unterzeichnete, ist die Struktur der PA in drei Teilen organisiert, wie dies für die meisten Demokratien gilt: in Legislative, Judikative und Exekutive. Allerdings: Die Judikative ist bis heute nicht ordentlich formalisiert worden.

Der Präsident der PA wird direkt vom Volk gewählt und ist gleichzeitig Oberbefehlshaber der bewaffneten Kräfte (von einer Armee kann noch nicht gesprochen werden, da es einen palästinensischen Staat ja noch nicht gibt). In einem Anhang zum Grundgesetz, der 2003 verabschiedet wurde und möglicherweise eines Tages Teil der palästinensischen Verfassung werden könnte, wurde festgehalten, dass die PA eine offizielle bewaffnete Streitmacht unterhält, die nach Schätzungen von Beobachtern zwischen 40 000 und 80 000 Mann stark ist. Gemäß den Abkommen mit Israel dürften es nur 30 000 sein. Diese »Polizei« verfügt über gepanzerte Autos und eine begrenzte Anzahl automatischer Waffen. Diese Sicherheitskräfte haben, gemäß dem Abkommen mit Israel, die Verantwortung für die Bekämpfung von Terrorismus. Und sie müssen, müssten mit Israel die allgemeine Sicherheit koordinieren.

Seit Beginn der Zweiten Intifada im Herbst 2000 wurde die Autorität der PA allmählich unterlaufen und ausgehöhlt, in den palästinensischen Gebieten ebenso wie im Ausland. Israels Premier Ariel Sharon und US-Präsident George W. Bush weigerten sich, mit Jassir Arafat weiter zu verhandeln, da sie ihn zunehmend als »Teil des Problems« begriffen, obwohl er die Oslo-Vereinbarungen 1993 unterschrieben hatte.

Israel beschuldigte die Palästinensische Autonomiebehörde immer wieder, die Gewalt gegen Israel nicht nur zu ignorieren, sondern sogar heimlich mitzufinanzieren. Die Anschuldigungen der Israelis waren nicht unberechtigt. Arafat hat auch als Präsident stets seine eigene private Miliz, die Fatah, finanziert. Es konnte nachgewiesen werden, dass die Fatah an zahlreichen Selbstmordattentaten gegen Israelis beteiligt war.

Die USA übernahmen Sharons Haltung im Sommer 2002, was zu einem sofortigen Stopp aller Verhandlungen mit der damaligen palästinensischen Führung führte. Dies bedeutete eine radikale Kehrtwende in der amerikanischen Außenpolitik. Selbst ein linksliberaler Thinktank wie das »Council on Foreign Relations« (CFR) stellte fest, dass die Autonomiebehörde unter Jassir Arafat ein sicherer Hafen für Terroristen aller Art geworden war.

Im Laufe der Zweiten Intifada begann Israel mit seiner Politik der gezielten Tötungen, eine Praxis, die rechtlich auch in Israel umstritten ist. Ins Visier gerieten Mitglieder der Autonomiebehörde ebenso wie Einrichtungen der PA, in denen Israel terroristische Aktivitäten vermutete oder nachweisen konnte. Viele – nicht alle – von Israel so Getöteten waren Angestellte der PA bei den Sicherheitskräften oder Milizen der Behörde und gleichzeitig nachweislich ausgewiesene Terroristen. Während der israelischen Militäroffensive »Defensive Shield« im April 2002 gelangte Israel in den Besitz von Dokumenten, die bewiesen, dass die Palästinensische Autonomiebehörde terroristische Aktivitäten finanzierte. Die Terroranschläge wurden von offiziellen Sicherheitsleuten ausgeführt, die in ihrer »Nebentätigkeit« den bewaffneten Kampf gegen Israel weiterführten, trotz des Friedensvertrags mit Israel.

Berühmtestes Beispiel einer solchen doppelten »Berufstätigkeit« ist der von Israel verhaftete und zu lebenslanger Haft verurteilte Marwan Barghouti, ein prominenter Fatah-Führer, der gleichzeitig bei den militanten Al-Aksa-Brigaden tätig gewesen sein und zahlreiche Anschläge auf Israelis befohlen und unterstützt haben soll. Barghouti weist allerdings diese Anschuldigungen Israels bis heute zurück und erkennt die Gerichtsbarkeit der israelischen Justiz nicht an.

Israels Angriffe auf die Infrastruktur der Autonomiebehörde schwächten zunehmend die Verwaltungsfähigkeit der gewählten palästinensischen Regierung. So zerstörte die israelische Armee zum Beispiel die palästinensischen See- und Lufthäfen, rechtfertigte diese Aktionen mit dem Hinweis, dass von dort aus angeblich Terroristen und Waffen transportiert wurden. Während der wiederholten Einmärsche der Armee in das Palästinensergebiet zur Zeit der Zweiten Intifada, die auch Al-Aksa-Intifada genannt wird, wurde auch ein großer Teil des Computernetzes der palästinensischen Verwaltung zerstört. Israel erklärte dazu aber stets, dies sei keine Absicht gewesen.

Die Palästinensische Autonomiebehörde hat von der internationalen Staatengemeinschaft finanzielle Unterstützung in bis dahin nicht gekanntem Ausmaß erhalten. Nach Angaben der Weltbank wurden 2001 zum Beispiel 929 Millionen US-Dollar an die PA überwiesen, 2003 waren es 891 Millionen US-Dollar (2003 spendeten allein die USA 224 Millionen US-Dollar, die EU 187 Millionen, die Arabische Liga 124 Millionen, Norwegen 53 Millionen, die Weltbank 50 Millionen, Großbritannien 43 Millionen, Italien 40 Millionen. Weitere kleinere Staaten gaben gemeinsam rund 170 Millionen US-Dollar an die PA).

Im Jahr 2005 waren es sogar 1,1 Milliarden US-Dollar – diese Summe deckte 53 Prozent des Gesamtbudgets der PA. Die Gelder sind zur Teildeckung des Haushalts, der Entwicklungshilfe und für die medizinische Versorgung bestimmt.

Nach Angaben der Weltbank belief sich das Haushaltsdefizit der Palästinenser im Jahre 2005 auf rund 800 Millionen US-Dollar. Der Grund für die finanziellen Schwierigkeiten ist international bekannt: die Korruption der palästinensischen Regierung. Die amerikanische Zeitschrift »Atlantic Monthly« stellte in ihren Recherchen fest, dass zu Lebzeiten Jassir Arafats rund 85 Prozent des Gesamthaushaltes direkt an Arafat und seine Entourage gingen. Das Geld verschwand entweder direkt in den Privatschatullen Arafats (respektive in seinen Privatkonten unter anderem in der Schweiz) oder wurde für seine Privatarmee und ihre Mitglieder ausgegeben.

Im Februar 2004 begann OLAF, die EU-Untersuchungskommission für Betrug, Unterlagen zu prüfen, denen zufolge Arafat und die PA die finanziellen Zuwendungen der EU an Terrororganisationen wie die Al-Aksa-Brigaden weitergaben. Im August 2004 veröffentlichte die Behörde das Ergebnis ihrer Untersuchung, in der es hieß, bis zu diesem Zeitpunkt sei kein Beweis gefunden worden, dass die EU-Gelder tatsächlich für terroristische Aktivitäten eingesetzt wurden. Israel war entrüstet über diese Erklärung, hatte es doch angeblich genug schriftliche Beweise in der Hand, dass dem doch so sei.

Immerhin, die EU änderte in der Folge ihre Finanzhilfe an die Palästinenser. Die Geldwege wurden genauer überprüft und nur noch für spezifische Projekte eingesetzt und verteilt. So müssen die Palästinenser nun zum Beispiel auch alle Rechnungen vorweisen, um größtmögliche Transparenz zu gewährleisten.

War mit der Entstehung der Autonomiebehörde eine Zeitenwende in der Geschichte des palästinensischen Volkes eingetreten, so gab es nur 13 Jahre nach den Vereinbarungen von Oslo eine zweite Zeitenwende, die das Schicksal der Palästinenser in eine neue Richtung drehte. Am 25. Januar 2006 wählten die Palästinenser nach vielen, vielen Jahren endlich wieder ein neues Parlament. Die Wahlen liefen nach übereinstimmenden Aussagen der Wahlbeobachter absolut korrekt und demokratisch ab und brachten einen Erdrutschsieg für die radikal-islamische Hamas. Sie gewann 74 Sitze, die Fatah nur noch 45. Die neue Regierung, die von der Hamas unter Führung von Ministerpräsident Ismail Hanija gebildet wurde, ist international isoliert und wird auch von Mahmud Abbas (Abu Mazen), der nach dem Tod Arafats neuer Präsident wurde, abgelehnt. Die USA und der Großteil Europas betrachten die Hamas als Terrororganisation. Daher wird sie nicht als legitime Regierung anerkannt, was zu einem Stopp aller Finanzhilfen für die Palästinenser führte. Israel blockierte ebenfalls die Überweisung von rund 55 Millionen US-Dollar, die der PA an Steuergeldern zustehen (da die PA über keinerlei Zugangswege verfügt – keine Häfen, keine Flughäfen –, keine Landverbindung zwischen dem Gazastreifen und der Westbank existieren –, obliegt es Israel, die Steuergelder für die Autonomiebehörde einzuholen).

Die fehlende Finanzhilfe entspricht etwa zwei Dritteln des palästinensischen Gesamthaushalts und garantiert den rund 160 000 Angestellten der Autonomiebehörde, darunter rund 60 000 Sicherheitskräften, ihr Einkommen. Von diesen Gehältern lebt etwa ein Drittel der palästinensischen Bevölkerung.

Nach dem Wahlsieg der Hamas hat Israel auch seine Grenzkontrollen wieder verschärft, was schon zur Zeit der Zweiten Intifada der Hauptgrund für die große Wirtschaftsrezession 2001/2002 in den palästinensischen Gebieten war, die von der Weltbank mit der internationalen Wirtschaftskrise von 1929 verglichen wurde.

Zusätzlich haben die USA eine Finanzblockade über die Banken der PA verfügt, so dass nicht einmal Gelder der Arabischen Liga (vor allem aus Saudi-Arabien und Katar) die palästinensischen Behörden erreichen können.

Am 6. und 7. Mai 2006 kam es zu Demonstrationen in Gaza und der Westbank. Die Angestellten der PA verlangten ihre Gehälter. Die internationale Finanzblockade führt allmählich zu immer größeren Spannungen zwischen Fatah und Hamas, da der Großteil der Angestellten Fatah-Mitglieder oder -Sympathisanten sind. (Nach dem Sieg der Hamas 2006 formierte der Hamas-Innenminister Sayed Sayam eine neue Polizeieinheit. Palästinenserpräsident Abbas erklärte sie für illegal. Nach heftigen Zusammenstößen zwischen Hamas und Fatah wurde diese neue Einheit in die Reihen der normalen Polizeikräfte eingegliedert. Auf diesem Weg versucht die Hamas allmählich die Sicherheitskräfte mit eigenen Leuten zu unterwandern, um so die Loyalität der Polizei zur Fatah aufzubrechen.)

Die UNO schätzt, dass die Arbeitslosigkeit, die 2005 23 Prozent der palästinensischen Gesamtbevölkerung traf, 2006 auf etwa 39Prozent angestiegen ist, unterhalb der Armutsgrenze leben demzufolge 2006 nicht mehr »nur« 44 Prozent wie im Vorjahr, sondern 67 Prozent der Palästinenser.

Der finanzielle Boykott soll Mahmud Abbas, der Fatah und der PLO helfen, die wohl hoffen, auf diese Weise die Wahlergebnisse drehen und die Macht im Parlament wiedergewinnen zu können. Anders als die Hamas haben PLO und Fatah Israel anerkannt und respektieren, zumindest offiziell, die Verträge, die bislang zwischen den verfeindeten Nationen geschlossen wurden. Außerdem akzeptieren sie eine Zwei-Staaten-Lösung. Die Hamas lehnt all dies ab, erkennt die Legitimität Israels nicht an und weigert sich, dem Terror abzuschwören. Seit dem Sommer 2006 versuchen Fatah und Hamas sich auf eine Einheitsregierung zu verständigen, eine große Koalition, um die finanzielle Krise zu überwinden und den Alleinregierungsanspruch der Hamas zu brechen.

Die Auseinandersetzungen zwischen Hamas und Fatah sind inzwischen auch zu einer Richtungsentscheidung für das palästinensische Volk geworden. Fatah ist pro-westlich, wird von den USA und der EU unterstützt und will einen Ausgleich mit Israel erreichen. Die radikal-islamische Hamas wird inzwischen offen vom Iran unterstützt. Ministerpräsident Ismail Hanije, der Ende 2006 Teheran besuchte, übte sich öffentlich im Schulterschluss mit dem starken Mann Irans, Präsident Ahmadinejad, der immer wieder erklärt, er werde Israel vernichten. Bei dieser Reise versprach der Iran Hanije 250 Millionen US-Dollar Finanzhilfe zu geben, um das große Loch, das der Boykott dem palästinensischen Haushalt zugefügt hat, zu stopfen – und um somit vor allem in Gaza allmählich eine Dependance im Kampf gegen Israel errichten zu können, ähnlich wie mit der Hizbollah im Libanon. Hanije, der über die ägyptische Grenze bei Rafah wieder nach Gaza einreisen wollte, wurde dort angehalten, weil die Israelis den Hinweis erhalten hatten, er habe in seinen Koffern rund 30 Millionen US-Dollar Bargeld aus Teheran mitgebracht. Das Geld wurde ihm abgenommen und auf Konten der Arabischen Liga überwiesen. Erst danach durfte Hanije Gaza wieder betreten. Dies war nicht der erste Versuch eines Hamas-Ministers, Geld nach Gaza einzuschmuggeln. In vielen Fällen konnten die Geheimdienste solche Versuche aufdecken und verhindern, angeblich sind auf diesem Wege dennoch Millionen an den vor Ort stationierten EU-Beobachtern vorbeigeschmuggelt worden.

Das Problem, das die PA seit ihrer Entstehung hat, ist ihre Doppelgesichtigkeit. Sie soll einst zur Regierung eines noch zu gründenden palästinensischen Staates werden. Im Grunde hat sie ja bereits Regierungsgewalt, aber sie hat sich nie entscheiden können, den Terrorismus als »Mittel der Politik« aufzugeben. Viele Palästinenser argumentieren, es sei ihr legitimes Recht, für sie sind die Attentate (auch Selbstmordattentate auf israelische Zivilisten) Mittel des Befreiungskampfes, ihr »Unabhängigkeitskrieg«. Dass sie mit gezielten und gewollten Angriffen gegen Zivilisten alle Regeln des Kriegsrechts und der international anerkannten Normen verletzen, ist ihnen gleichgültig. Als unterdrückte Nation sehen sie sich nicht auf gleicher Augenhöhe mit einem bereits staatlich existierenden Feind, die Kriegsmittel sind notgedrungen andere, da man nicht über eine eigene Armee verfügt. Dabei übersehen die Palästinenser jedoch, dass sie zum Aufbau einer Eigenstaatlichkeit, die mit dem Friedensprozess von Oslo beginnen sollte, bereits die ersten staatlichen Institutionen ihr Eigen nennen: ein Parlament, eine Regierung, Ministerien. Die Grenzen zum »Terror« bleiben jedoch fließend, und Israel ebenso wie die internationale Staatengemeinschaft können sich nur schwer auf dieses Gebilde verlassen, das sich PA nennt. Der innere Weg der Palästinensischen Autonomiebehörde wird mitentscheiden, ob die Palästinenser endlich in hoffentlich naher Zukunft einen eigenen Staat haben werden – und können.

Die Hamas

Kaum zu glauben, aber wahr: Einst unterstützte Israel die radikal-islamische palästinensische Hamas. Das mag aus heutiger Sicht verrückt erscheinen, doch ein Blick zurück macht deutlich, wie es dazu kommen konnte. Die Hamas ist eine relativ junge Organisation. Sie wurde im Laufe der siebziger und achtziger Jahre gegründet; ihre Strukturen bildeten sich erst allmählich heraus. Das Wort »Hamas« ist im Arabischen ein Akronym, aus »Harakat al-Muqawama al-Islamia«, und bedeutet so viel wie »Islamische Widerstandsbewegung«; das Wort Hamas heißt aber auch »Eifer« – womit bereits der Charakter der Organisation umrissen ist.

Die Hamas wurde aktiv und bekannt zur Zeit der Ersten Intifada der Palästinenser gegen Israel, die 1987 begann. Intifada heißt auf Arabisch »Abschütteln« und bezeichnet jene erste gewaltsame Phase des palästinensischen Widerstandes gegen die israelische Okkupation, die von der gesamten Bevölkerung getragen wurde. Die Erste Intifada wurde später als »Widerstand der Steine« bezeichnet, weil die Palästinenser in den Jahren zwischen 1987 und 1993 überwiegend mit Steinschleudern gegen die übermächtige israelische Armee kämpften. Damals veränderte sich das Bild von David und Goliath. Denn jahrzehntelang galt Israel als »David«, das kleine Land mit gerade einmal 5 bis 6 Millionen Einwohnern, das sich gegen mehr als 250 Millionen Muslime verteidigen muss. Doch die Fernsehbilder aus der Zeit der Ersten Intifada veränderten diesen Eindruck ein für allemal. Sie zeigten Jugendliche, die mit ihren

Steinschleudern gegen hochgerüstete Soldaten in Kampf-
montur vorgingen, die ihre Steine gegen riesige Panzer war-
fen – ein Unterfangen, das natürlich zum Scheitern verurteilt
war. Doch den Krieg an der Medienfront gewannen die Palästinenser damals. Niemand stellte sich die Frage, wieso die
palästinensische Gesellschaft es zulässt, dass Minderjährige in
den Kampf gegen die Armee Israels ziehen. Was die Fernseh-
kanäle der ganzen Welt in die Wohnstuben transportierten,
war das Bild eines tapferen Volkes, das sich gegen alle Vernunft und Einsicht nicht einer Militärmacht beugen und lieber sterben wollte als auf seine Freiheit zu verzichten. Die
Steinschleuder, die Waffe des biblischen David gegen Goliath, wurde zum eindrucksvollen Symbol der Ersten Intifada
und brachte den Palästinensern die Sympathie der Welt ein,
ebenso wie einen unglaublichen Zugewinn an Selbstach-
tung – eine ganz wichtige Errungenschaft für die jahrzehntelang gedemütigte Gesellschaft, die sich nie auf einer Augenhöhe mit den Israelis empfand.

In dieser Zeit wurde die Hamas aktiv. Ihr Operationsraum
ist ausschließlich auf den Gazastreifen und das Westjordanland beschränkt.

Zu Beginn wurde sie von verschiedenen Ländern finanziell
unterstützt, vor allem von Saudi-Arabien. Der politische und
gemeinnützige Arm der Hamas wurde offiziell registriert und
sogar innerhalb Israels anerkannt. Israel wollte die Hamas
stärken, da es in ihr ein adäquates Gegengewicht zur säkularen PLO, der Fatah-Fraktion, sah. Denn bis Ende der achtziger Jahre hieß der Erzfeind Israels noch Jassir Arafat, der als
charismatischer Führer der PLO und des palästinensischen
Widerstands für alle Terrorakte, die gegen Israel und Juden
in aller Welt durchgeführt worden waren, verantwortlich
zeichnete. Dazu gehörten Flugzeugentführungen ebenso wie
die Ermordung der israelischen Sportler bei der Olympiade
in München 1972. Und es war ganz egal, ob manche der Ter-

rorakte von anderen, kleineren Widerstandsgruppen ausgeübt wurden – Jassir Arafat billigte sie ja alle, er machte den
Terror zum legitimen Mittel im Kampf gegen Israel und somit wurde sein Konterfei zum Symbol der palästinensischen
Bedrohung.

Bis in die achtziger Jahre hielt sich die Hamas politisch be-
deckt. Sie konzentrierte sich zunächst ausschließlich auf soziale Fragen und entwickelte ihre wohltätigen Seiten. Hamas
prangerte die Korruption an, verwaltete Spenden und ver-
teilte das Geld an Arme und organisierte viele Projekte, die
dem bedürftigen Teil der palästinensischen Bevölkerung zugute kamen. So gewann die Organisation rasch Sympathie,
Unterstützung und Zulauf.

Während die Hamas in Gaza überaus aktiv war, hielt sie sich
in ihren Anfängen im Westjordanland, in der sogenannten
Westbank, zunächst zurück und war nicht so rege bemüht, die
Kontrolle über dortige öffentliche Institutionen zu gewinnen.
Denn damals bildete die »Muslimbruderschaft« noch einen
integralen Bestandteil der jordanischen islamischen Bewegung, die über Jahre eng mit dem haschemitischen Königreich verbunden war. Die Muslimbruderschaft vertrat zu jenem Zeitpunkt noch eine sozioökonomisch besser gestellte
Schicht als die Hamas. Dazu gehörten Kaufleute, Grundbe-
sitzer und die berufliche Mittelschicht der Palästinenser.
Mitte der achtziger Jahre hielt die Muslimbruderschaft einen
gewichtigen Anteil der Positionen in den religiösen Institutionen der Westbank besetzt. Genau zu diesem Zeitpunkt
wurde sie jedoch vom bewaffneten Arm der Hamas unter der
Führung von Scheich Achmed Jassin übernommen.

1987, im selben Jahr, in dem die Erste Intifada ausbrach,
wurde der Name »Hamas« zum ersten Mal offiziell benutzt.
Die neue Organisation wurde als palästinensischer Arm der
Muslimbruderschaft angesehen. Die Muslimbruderschaft
wurde 1928 von Hasan al-Banna in Ägypten gegründet. Sie

hat sich rasch in der arabischen Welt ausgebreitet und gilt als erste fundamentalistische islamistische Bewegung der arabischen Welt.

Achmed Jassin, der erste Führer der Hamas, war in einem kleinen Dorf in der Nähe der israelischen Stadt Aschkelon geboren worden und kam als Flüchtling 1948 in den Gazastreifen, im Anschluss an den Unabhängigkeitskrieg Israels, den die Palästinenser allerdings »Nakba«, Katastrophe, nennen. Jassin erhielt seine Ausbildung an der Al-Azhar-Universität in Kairo, als die islamistischen Bewegungen innerhalb der Studentenschaft besonders aktiv waren. Bald schon schloss er sich der ägyptischen Moslembruderschaft an. Jassin folgte der Ideologie dieser Bewegung: Der zufolge galt ganz Palästina vom Fluss (Jordan) bis zum Meer (Mittelmeer) als besetzt. Dieses Land sei palästinensisches Waqf, heiliges Land, das niemandem anderen gehöre als ausschließlich dem palästinensischen Volk. Friedensverhandlungen mit dem zionistischen Besatzer wurden grundsätzlich ausgeschlossen. Diese Radikalität kam bei vielen Palästinensern gut an. Sie sprach den Stolz der Unterdrückten an.

Nachdem die Hamas politisch während der Intifada immer wirksamer wurde und die Israelis allmählich erkannten, dass sie sich mit ihrer Unterstützung verkalkuliert hatten, verhafteten sie Scheich Jassin im Jahre 1989. Doch seine Macht blieb dadurch unangetastet; im Gegenteil, in den Jahren seiner Gefangenschaft wuchsen sein Ansehen und sein Einfluss. 1997 war Israel gezwungen, ihn wieder freizulassen, nachdem eine Aktion des israelischen Geheimdienstes Mossad kläglich gescheitert war: Ausgerechnet in Jordanien, im Reich von König Hussein, mit dem Israel beste Beziehungen hatte, versuchten israelische Agenten die Führungsfigur des militanten Arms der Hamas, Khaled Mashal, mit einer Giftspritze zu ermorden. Der Anschlag misslang, Israel musste auf Druck Jordaniens das Gegengift herausgeben und sah sich gezwungen, seinem befreundeten Nachbarn für den versuchten Mord zu entschädigen, um die Beziehungen nicht aufs Spiel zu setzen. So wurde Scheich Jassin auf freien Fuß gesetzt. Jassin, der seit einem Sportunfall im Rollstuhl saß, wurde bei seiner Rückkehr nach Gaza wie ein Held stürmisch gefeiert. Sein Hass auf Israel war in den Jahren der Gefangenschaft noch gewachsen, er wollte keinerlei Konzessionen zulassen und setzte seinen Kampf gegen die Zionisten unerschüttert fort.

Als Ende 2000 die Zweite Intifada ausbrach, nahm sie einen völlig anderen Verlauf als die Erste. Diesmal griffen die Palästinenser nicht mehr nur zu Steinen, diesmal gebrauchten sie Waffen. Die Zweite Intifada wurde ein blutiges, grausames Gemetzel auf beiden Seiten. Denn die radikalen palästinensischen Gruppierungen, unter ihnen zuallererst die Hamas, begannen, eine neue Form des Kampfes zu entwickeln: palästinensische Selbstmordattentäter, junge Männer – später auch immer häufiger Frauen –, die sich Sprengstoffgürtel um den Leib schnallten, in Israel eindrangen und sich dort in den jüdischen Städten in die Luft jagten, um möglichst viele Zivilisten mit in den Tod zu reißen. Die Hamas hatte Dutzende solcher Selbstmordattentäter ausgebildet und nach Israel eingeschleust. Achmed Jassin hatte diese Form der Gewalt stets befürwortet. Im März 2004 wurde Jassin durch einen gezielten Angriff von der israelischen Luftwaffe in Gaza getötet. Die israelische Armee wies in einer kurzen Erklärung darauf hin, dass Israel Jassin für die Ermordung zahlloser israelischer und anderer Zivilisten verantwortlich mache.

Jassins Nachfolger wurde Achmed Rantissi, der in der Nähe von Jaffa geboren worden war, also ebenso wie Jassin auf Territorium, das heute zum Kernland Israels gehört. Ebenso wie Jassin war auch Rantissi 1948 mit seiner Familie nach dem Unabhängigkeitskrieg als Flüchtling nach Gaza gekommen. Er studierte später Medizin in Ägypten, machte seinen Abschluss, praktizierte dort aber nie als Arzt. 1976 kehrte er nach

Gaza zurück. Auch er war während seiner Studentenzeit zur Muslimbruderschaft gestoßen, überzeugt von deren Ideen und Zielen. In Gaza wollte er sich ganz in den Dienst seines Volkes stellen und als Arzt arbeiten. Das Jahr 1987 brachte die große Wende in seinem Leben. Denn Rantissi war einer derjenigen, die die Erste Intifada auslösten.

Sie begann mit einem Autounfall. Ein israelischer Lastwagen hatte im Flüchtlingslager Dschabalia aus Versehen vier Kinder überfahren. Damals war Gaza noch gänzlich von Israel besetzt. Rantissi und andere lokale Führungsfiguren forderten die Menschen auf, die Moscheen zu verlassen und auf den Straßen als Zeichen des Protestes »Allahu Akbar« zu singen, »Gott ist größer«. Das war das Startsignal für die Erste Intifada.

Im Dezember 1992 ließ der später als Friedensbringer geehrte israelische Ministerpräsident Jitzhak Rabin 416 radikale Palästinenser, die als Kämpfer für die Hamas und den Islamischen Jihad, eine andere radikale Widerstandsgruppe, bekannt waren, in den Libanon deportieren, unter ihnen befand sich damals auch Rantissi. Rabin, der zu Beginn der Intifada als Verteidigungsminister noch seine Soldaten dazu aufforderte, »… ihnen die Knochen zu brechen«, begann erst allmählich zu begreifen, dass der Konflikt mit den Palästinensern militärisch nicht zu lösen war. So begann er schließlich, unter dem Eindruck der Intifada, seine mutige Friedenspolitik, die zum Friedensvertrag von Oslo im Jahr 1993 führte.

Doch 1992 standen die Zeichen noch auf Sturm. Im Libanon wurde Rantissi schließlich zum Sprecher der Exilierten und machte sich so einen Namen. 1993 durfte er nach Gaza zurückkehren, wurde von den Israelis wieder verhaftet, kam aber erneut frei. Doch nicht nur die Israelis sperrten ihn immer wieder ein. Auch Jassir Arafat steckte den Mann immer wieder ins Gefängnis. Denn nach dem Frieden von Oslo entstand die Palästinensische Autonomiebehörde, die zunächst versuchte, ihre politischen Gegner auszuschalten, um die eigene Macht, aber auch den Friedensprozess mit den Israelis nicht zu gefährden. Rantissi kritisierte jedoch unentwegt die Autonomiebehörde, die ausschließlich aus Fatah-Leuten bestand, und ebenso den »Raïs«, den Präsidenten der PA, also Jassir Arafat. Zuletzt sah Rantissi ein palästinensisches Gefängnis im Jahr 1999 von innen.

Rantissi wurde bald zur rechten Hand von Scheich Jassin und gehörte somit zum innersten Führungszirkel der Hamas. Er hielt an seinen radikalen Überzeugungen fest und war gegen jede Form des Waffenstillstands mit Israel und ebenso dagegen, Israels Kernland bei Angriffen auszusparen. Er bezeichnete deswegen Arafat immer wieder als Verräter, als Lakai Israels und gewann mit diesen markigen und unerschrockenen Äußerungen hohes Ansehen und Einfluss. Schließlich wurde er zum Emissär zwischen der Führung der Hamas in Gaza und in Damaskus ernannt. Zusammen mit Ibrahim Akadma entwickelte Rantissi den offiziellen Sprachduktus der Hamas, mit der die Organisation an die Öffentlichkeit trat und in den internationalen Medien wahrgenommen wurde.

Der militärische Kampf der Hamas gegen Israel entwickelte sich stufenweise. Während der Ersten Intifada tauchten plötzlich Flugblätter auf, die von der Hamas gezeichnet waren. Sie warnten vor palästinensischen Kollaborateuren, die mit dem israelischen Militär zusammenarbeiteten, und bedrohten diese öffentlich. Schon bald gab es die ersten Morde. Dabei zeigte sich die Hamas nicht zimperlich. Der Nachweis, ob der Getötete tatsächlich für die Israelis gearbeitet hat, wurde so gut wie nie erbracht. Die Hamas nutzte diese »Politik«, um sich vieler Widersacher auf einfache Weise zu entledigen. Zur gleichen Zeit begann die Organisation auch, ihre militärischen Operationen gegen den zionistischen Feind strategisch weiterzuentwickeln. Immer häufiger wurden is-

raelische Truppen und Siedler in den besetzten Gebieten angegriffen.

1992 wurde der militärische Arm der Hamas gegründet und
organisiert. Er erhielt den Namen »Izz ad Din al-Kassam Bri-
gaden«, in Erinnerung an Scheich Izz ad-Din al-Kassam, den
Vater des modernen arabischen Widerstandes, der 1935 von
der britischen Mandatsmacht getötet worden war.

Als 1995 ein radikaler israelischer Siedler namens Baruch
Goldstein in eine Moschee in Hebron eindrang und dort ein
blutiges Massaker anrichtete, indem er wahllos ein Dutzend
betender Palästinenser ermordete, begannen die Kassam-Bri-
gaden, ihren bewaffneten Kampf gegen Israel mit aller Gewalt und Brutalität auszuweiten. Damals jagten sich die ersten Selbstmordattentäter in Bussen in Tel Aviv und Jerusalem
in die Luft und rissen viele israelische Zivilisten mit in den
Tod. Gleichzeitig verstärkte die Hamas aber auch den Kampf
gegen den politischen Erzrivalen, die Fatah. Immer häufiger
wurden führende Politiker oder Offiziere, die loyale Anhänger von Jassir Arafat waren, liquidiert.

Ein Ziel hatte die Hamas allerdings nie: die USA. Bis heute
wurden nie US-amerikanische Einrichtungen direkt angegriffen. Zwar wurden bei Attentaten immer wieder amerikanische Bürger getötet, doch sie hatten einfach nur das
»Pech«, zum falschen Zeitpunkt am falschen Ort zu sein. Bis
heute definiert die Hamas ihre militärischen Ziele ausschließlich als Kampf gegen Israel, im Kernland ebenso wie in den
besetzten Gebieten. Dazu gehören inzwischen auch die Kassam-Raketen, mit denen seit einigen Jahren die israelischen
Grenzstädte zum Gazastreifen terrorisiert werden. Allein auf
die Grenzstadt Sderot wurden von August 2005, also nach
dem Abzug der Israelis aus Gaza, bis zum Sommer 2006 mehr
als 1000 Raketen abgefeuert. Die Reichweite der Kassam wird
ständig verbessert, inzwischen erreichen sie schon die Stadt
Aschkelon ohne Probleme, sie liegt etwa 25 km nördlich von

Gaza. Die Raketen richten nur wenig materiellen Schaden an. Zwar werden gelegentlich Israelis getötet oder verletzt, doch der eigentliche Schrecken der Kassam liegt im psychologischen Bereich. Die Bewohner der Grenzstädte wissen nie, wann und wo die nächste Rakete einschlägt. Die Angst, getroffen und getötet zu werden, sogar wenn man gemütlich im eigenen Wohnzimmer sitzt, ist groß, die Wut auf die Hamas noch größer.

Als der israelische Ministerpräsident Ariel Sharon im April 2004 ankündigte, er wolle alle Siedlungen in Gaza auflösen und das gesamte Militär aus dem Gazastreifen abziehen, war dies eine Sensation. Sharon, einer der extremsten Politiker Israels, der »Vater der Siedlungen«, der als Verteidigungsminister 1982 den israelischen Einmarsch in den Libanon bis nach Beirut zu verantworten hatte, der Mann, dem eine unabhängige israelische Kommission eine Mitverantwortung an den Massakern in den palästinensischen Flüchtlingslagern Sabra und Schatila im Libanon zusprach, weil die Armee die christlichen Falangisten ungehindert hatte einmarschieren lassen, der Mann, der in zahlreichen Einsätzen und Sonderkommandos seit den späten vierziger Jahren immer wieder mit Brutalität und Gewalt gegen Araber und Palästinenser vorging, ebendieser Mann gab das Startsignal für das Ende des Siedlungsabenteuers in Gaza, wo rund 8000 Israelis unter rund anderthalb Millionen Palästinensern lebten, aber – nur ein Beispiel – rund 80 Prozent der Wasserressourcen für sich beanspruchten.

Der offizielle Grund für den Abzug war die Warnung vor einer demographischen Katastrophe. Berater wiesen Sharon darauf hin, dass in wenigen Jahrzehnten zwischen dem Jordan und dem Mittelmeer deutlich mehr Palästinenser leben würden, da die Geburtenrate unter ihnen wesentlich höher ist als bei den jüdischen Israelis. Sharon wollte das Problem lösen, wollte keine Apartheid-Situation, in der eine jüdische Min-

derheit über eine muslimische Mehrheit regiert. Er wollte
ebenso verhindern, dass der jüdische Charakter Israels langfristig unterminiert werden kann. Darum also der Abzug aus
Gaza, aus einem Gebiet, das strategisch für Israel keine besondere Bedeutung hat, das nicht einmal aus religiösen Gründen
unbedingt behalten werden muss. Das war der offizielle
Grund. Doch ein weiterer, den Sharon niemals zugegeben
hätte, kam hinzu. Die Angriffe auf die Siedler im Gazastreifen waren in den Jahren der Zweiten Intifada immer heftiger
geworden, immer erfolgreicher, die Kosten, die für das Militär ausgegeben werden mussten, um die 8000 Israelis zu
schützen, waren ins Astronomische gewachsen. Der alte Hau-
degen und Militär Sharon begriff, dass es sich strategisch
nicht mehr lohnte, die Siedlungen zu halten. So zog Israel im
Sommer 2005 aus Gaza ab, ein historisches Ereignis, das viele
im jüdischen Staat als traumatisch empfanden, weil es ein erstes offizielles Eingeständnis war, dass die Siedlungspolitik gescheitert und von Anfang an ein Fehler gewesen war. Es war
allerdings ein grandioser Sieg für die Hamas. Sie, nicht die
Palästinensische Autonomiebehörde, beanspruchte für sich
diesen Triumph. Es seien die Angriffe der Hamas gewesen,
die die Israelis vertrieben hätten, die Selbstmordattentate und
die Kassam-Raketen, die den Juden so viel Angst gemacht
hätten, dass sie es vorzögen zu fliehen. So argumentierte die
Hamas im Sommer 2005 – und die meisten Palästinenser, vor
allem in Gaza, waren überzeugt, dass es so und nicht anders
war, dass der bewaffnete Widerstand den Goliath in die Knie
gezwungen hatte. Ein unglaublicher Prestigegewinn für die
islamistische Organisation nicht zuletzt auch gegenüber der
maroden und korrupten Autonomiebehörde, die von der Fatah dominiert wurde.

Die eigentliche Basis für ihren Erfolg schuf sich die Hamas
jedoch mit ihren Sozialprogrammen. Eine Vielzahl von Er-
ziehungs- und Hilfsprogrammen haben der islamistischen

Organisation viel Sympathie eingebracht. Sehr geschickt stieß die Hamas in eine Lücke vor, die die PLO von Jassir Arafat ihr ohne großen Widerstand überlassen hatte. Die Hamas hat schätzungsweise ein jährliches Budget von rund siebzig Millionen US-Dollar zur Verfügung, das zur Gänze in Schulen, Waisenhäuser, Moscheen, Kliniken, Suppenküchen und Sportstätten investiert wird. Die Palästinensische Autonomiebehörde hat seit ihrer Entstehung 1993 auf diesem Gebiet völlig versagt. Niemand weiß genau, wo das Geld, das in erster Linie aus den USA und der EU in die Kassen der PA floss, hinkam. Der Fatah – und damit der PA – wird massive Korruption nachgesagt, in einigen Fällen hat sich das bestätigt, und selbst der große Führer der Palästinenser, Arafat, soll sich massiv bereichert haben. Allein seine in Paris lebende Frau Suha hat angeblich zu seinen Lebzeiten über 800 000 US-Dollar monatlich überwiesen bekommen.

Hamas hat aus ehrlicher Anteilnahme das Geld der armen Bevölkerung zur Verfügung gestellt. Ihre Führer gelten als ehrlich, Korruption kennt man aus den Reihen der Hamas nicht. Was aber nichts besagt. Manche kritische Stimmen behaupten, die Hamas könne Korruption einfach besser vertuschen als die Fatah oder sie ziehe die entsprechenden Personen sofort zur Rechenschaft. Alles das ist Spekulation. Was gilt ist, dass der Hamas bislang nichts nachgewiesen werden konnte. Verständlich, dass sie einen sehr guten Stand bei der Bevölkerung hat, selbst in der Westbank, wo die meisten Palästinenser eher auf der Seite der Fatah stehen, ihrer Partei jedoch bei den Parlamentswahlen Anfang 2006 einen Denkzettel verpassen wollten und so – unfreiwillig – der Hamas zum überraschenden Wahlsieg verhalfen.

Für die Entwicklungsgeschichte der Hamas ist der Friedensprozess von Oslo von entscheidender Bedeutung. Ohne ihn ist ihr Aufstieg nicht wirklich zu verstehen. Von Anfang an waren die Islamisten gegen das Abkommen, das die Anerkennung Israels beinhaltete. Um den anfänglich sehr positiv verlaufenden Friedensprozess zu sabotieren, schickte die Hamas-Führung Mitte der neunziger Jahre, wie schon erwähnt, die ersten Selbstmordattentäter in die israelischen Städte. Die Organisation wollte und will Israel gegenüber keine Konzessionen machen, weil sie als oberstes Ziel die Schaffung eines islamischen Staates in ganz Palästina vor Augen hat. Kurzfristig will sie zunächst einmal den Gazastreifen, die Westbank und Ostjerusalem befreien, also all diese Gebiete, die Israel im 6-Tage-Krieg 1967 eroberte. Um an die Macht zu kommen, entschied man sich, an Wahlen teilzunehmen. Zunächst in den Universitäten von Gaza und dem Westjordanland, dann schließlich bei den Wahlen zur Autonomiebehörde in den neunziger Jahren, wobei die Hamas auf Anhieb eine starke Position durch einen beachtlichen Stimmengewinn erlangte.

Die Wahlen 2006 gewann die Hamas durch ein entschiedenes Programm, das all diejenigen ansprach, die sie nicht nur aus Protest gegen die korrupte Fatah wählten. Der Kampf gegen die Okkupation müsse weitergehen, mit den Israelis reden und verhandeln bringe nichts, das würde man ja an den Misserfolgen der Fatah sehen, die trotz vieler Verhandlungen mit dem Feind den Palästinensern nichts bieten konnte. Und – die Hamas versicherte, sie werde im Falle eines Wahlsieges die Korruption bekämpfen. Die Wahlkämpfer der Hamas scheuten sich nicht, die Korruption beim Namen zu nennen. Während die Bevölkerung vor allem in den Flüchtlingslagern vor sich hin vegetiere, würden sich die Führer der Fatah die Hosentaschen mit Geld vollstopfen, erklärten sie öffentlich immer wieder. Und nannten Namen. Das Paradox des Wahlerfolgs der Hamas jedoch war, dass gerade durch ihre Terroraktionen das Leiden der Bevölkerung immer weiter zunahm. Viele Palästinenser, die bis Ende der neunziger Jahre ihren Lebensunterhalt in Israel verdienten, begannen zu hungern, verloren ihre

Existenzgrundlage, weil Israel seine Grenzen dicht machte und obendrein die Hamas überall dort angriff, wo sie sich versteckte, natürlich auch vorzugsweise in bevölkerungsreichen Gegenden, das heißt in Flüchtlingslagern. Die Arbeitslosigkeit, die Armut stiegen durch den Hamas-Terror, aber gerade deswegen wandten sich die Menschen mehr und mehr der Hamas zu, weil sie glaubten, nur sie könne die katastrophale Lage verbessern.

Dieser Widerspruch erschütterte die Glaubwürdigkeit der Hamas nicht. Denn sie hielt immer Wort. Was immer die Hamas-Führer ankündigten: es geschah. Wenn sie Rache für einen israelischen Angriff schworen, dann kam sie. Wenn einer der ihren durch eine gezielte Tötungsaktion der Israelis erwischt wurde, dann jagte sich nur ein, zwei Tage später ein Selbstmordattentäter in Tel Aviv oder Netanja in die Luft und tötete viele Israelis.

Um diese todesmutigen Männer zu rekrutieren, entwickelte die Hamas eine eklektische islamistische Ideologie. Sie verwendet heilige Texte und versichert den Todeskandidaten, die oft noch in der Pubertät stecken, den Heldentod als Märtyrer und die daraus resultierenden Folgen im Paradies. Von 72 Jungfrauen wurde da geredet, die nur darauf warten, den »Märtyrer« zu verwöhnen.

Neben diesen jenseitigen »Genüssen« gibt es für die Selbstmordkandidaten aber auch noch ganz praktische Gründe, sich dieser Mission auszuliefern: die Garantie, dass ihre Familien danach von der Hamas versorgt werden. In einer verarmten Gesellschaft ohne Zukunftchancen eine Verlockung, die nicht zu unterschätzen ist.

Nach dem israelischen Abzug aus Gaza im Sommer 2005 begann die Hamas ihre Macht im Gazastreifen endgültig zu konsolidieren. Sie galt ja als großer Sieger, dank ihres Widerstandes waren die Israelis aus Gaza »geflüchtet«. Folgerichtig setzte die Hamas ihre Angriffe auf Israel fort und feuerte

weiterhin Tausende von Kassam-Raketen auf Israel ab, wohl-
gemerkt: auf das Kernland Israel, also nicht auf besetztes Gebiet.

Obwohl die Hamas inzwischen den Ministerpräsidenten
der palästinensischen Regierung stellt, Ismail Hanije, so ist
die eigentliche Führung der Organisation im Ausland, im
Exil. Von Damaskus aus steuert Khaled Meshal die Geschicke
der Bewegung. Nichts geht ohne ihn. Die Hamas-Regierung
kann keine Entscheidungen ohne ihn fällen. Wie mächtig
Meshal ist, zeigte sich im Sommer 2006, als ein Teil des bewaffneten Arms der Hamas auf israelischem Boden den Soldaten Gilad Shalit entführte. Angeblich wusste Premier Hanije nichts davon. Für einen kurzen Augenblick konnte man
Einblick in die inneren Zwistigkeiten der Hamas nehmen. Es
schien zunächst, als ob ein Machtkampf zwischen Hanije und
Meshal entbrennen würde, doch daraus wurde nichts. Die
Disziplin innerhalb der Hamas ist zu groß.

Obwohl Israel mit seiner gesamten militärischen Macht auf
die Entführung eines der ihren reagierte, obwohl der Gazastreifen wieder einmal durch massive Bombenangriffe verwüs-
tet, Hamas-Kämpfer in hoher Zahl getötet wurden, obwohl Israel acht Hamas-Minister festnahm, blieb die Islamistengruppe
hart: Sie besteht auf einem Gefangenenaustausch. Für Shalit
will sie die Freilassung von mindestens 1000 palästinensischen
Gefangenen. Sollte es zu einem Austausch kommen, wäre das
ein weiterer großer Prestigegewinn für die Radikalen.

In jüngster Zeit hat sich die Hamas zunehmend dem Iran an-
genähert. Die engen Verbindungen mit der Hizbollah im Libanon mögen dazu beigetragen haben, vor allem aber der internationale Finanzboykott seit ihrem Wahlsieg Anfang 2006. Die
Unterstützung der palästinensischen Behörden wird dann wieder aufgenommen, wenn die Hamas die drei Forderungen des
Westens erfüllt: Anerkennung Israels, ein Ende der Terroraktionen und die Anerkennung der zwischen den Palästinensern

und Israel bereits unterschriebenen Vereinbarungen. Nichts dergleichen will die Hamas jedoch tun. Und so versucht sie sich nun Geld aus anderen Quellen zu besorgen. Der Iran, der wegen seines Atomprogramms mit dem Westen auf Konfrontationskurs gegangen ist, ist bereitwillig eingesprungen, und verfolgt nun mit der Hamas eine ähnliche Politik wie mit der Hizbollah im Libanon. Das funktioniert, weil die sunnitische Hamas mit der schiitischen Hizbollah viel gemeinsam hat: die totale Ablehnung der Existenzberechtigung Israels, eine ähnliche Haltung zum Märtyrertum. Und: Mit Hilfe der Hamas kann die Hizbollah ihre Bemühungen, in den besetzten Gebieten politisch und militärisch Fuß zu fassen, leichter verwirklichen, und damit letzten Endes der Iran, der als neue Großmacht im Nahen Osten nicht nur zur Vernichtung Israels aufruft, sondern die Führung in der islamischen Welt übernehmen will.

Die Hizbollah und der Libanon

Am Anfang war Frankreich. Oder anders: Frankreich hat Schuld. Denn wie all die anderen Kolonialmächte des 19. Jahrhunderts, so haben auch die Franzosen mit ihrer Besatzungspolitik die Grundlagen für die nahöstliche Krise von heute gelegt. Der Libanon ist ein politisches Konstrukt – so wie etwa auch Jordanien. Er wurde von Frankreich geschaffen, aus Syrien »herausgeschält«, um den christlichen Maroniten in einer überwiegend muslimischen Umwelt ein Heim zu schaffen. Der Libanon ist ein Scharnierland zwischen Ost und West, zwischen Orient und Okzident. Damit wurden die Grundlagen für Spannungen geschaffen, die zuletzt durch den Libanon-Krieg im Sommer 2006 wieder einmal evident wurden.

Um irgendwie den neuen Staat regierungsfähig zu machen, schuf Frankreich ein System der ethnischen Ausgeglichenheit – zumindest wurde es als solches betrachtet. Demzufolge mussten der Präsident des Staates und der Generalstabschef christliche Maroniten sein, womit die einst entscheidende Kraft und Mehrheit im Libanon die Macht in den Händen hielt. Den Ministerpräsidenten stellten die Sunnis und der Parlamentssprecher musste Schiit sein.

Doch seit diese Richtlinien geschaffen wurden, hat sich die Demographie im Libanon drastisch verändert. Wie sensibel die ethnische Balance im Zedernstaat ist, kann man vielleicht schon daran erkennen, dass niemals ein Zensus erhoben wurde, dass also, mit anderen Worten, die ethnischen Mehrheitsverhältnisse niemals in offizielle Zahlen gefasst wurden.

Doch viele Wissenschaftler sind sich sicher, dass in den letzten zwei Jahrzehnten der proportionale Anteil der Schiiten im Libanon um 13 Prozentpunkte gestiegen ist, das es also nicht mehr nur 32 Prozent Schiiten im Lande gibt, sondern mindestens 45 Prozent. Die Maroniten jedoch, einst die große Mehrheit der libanesischen Bevölkerung, machen nur noch ein Viertel der Gesamtbevölkerung von heute aus. Nimmt man nun noch die sunnitischen Muslime und andere islamische Sekten, so kommt man schätzungsweise heute auf einen muslimischen Anteil von mehr als 60 Prozent der Gesamtbevölkerung. Damit hat sich der Libanon von einem christlichen zu einem muslimischen Land gewandelt.

Die Hizbollah ist eine Reaktion auf diesen Wandel. Die Geburt dieser Miliz und Partei kann nur aufgrund des strukturellen Wechsels im Libanon verstanden werden. Die Hizbollah ist eine schiitische Organisation und versteht sich als Repräsentant der schiitischen Mehrheit, die in der libanesischen Regierung ihrer Ansicht nach nicht angemessen berücksichtigt wird. Ein großer Teil der libanesischen Schiiten lebt im Süden des Libanon, also in der Nähe zur Grenze mit Israel.

Gegründet wurde die Hizbollah 1982, im Jahr der israelischen Invasion Libanons. Die ideologische Basis der Organisation ist die Islamische Revolution des iranischen Ayatollah Khomeini, die in den späten siebziger Jahren das Regime des Schah Reza Pahlevi in Teheran wegfegte.

Zu Beginn der israelischen Invasion, die zunächst bis nach Beirut reichte und schließlich jahrzehntelang eine »Sicherheitszone« im Süden des Landes kontrollierte, um die regelmäßigen Angriffe aus dem Libanon auf den Norden des jüdischen Staates zu verhindern, zu Beginn dieser Invasion war es die Amal-Miliz, die sich als schiitischer Widerstand gegen die israelischen Truppen einen Namen machte. Die Amal wurde damals von Syrien finanziert und unterstützt. Die Hizbollah war religiös wesentlich extremer orientiert als die Amal und wurde von Anfang an vom Iran finanziert. Sie operierte vor allem vom Bekaa-Tal im Ostlibanon und hatte sich zum Ziel gesetzt, die israelischen Besatzer im Südlibanon zu vertreiben, ebenso die internationalen Truppen, die zum Schutze des Landes dort stationiert waren. Und: Die Hizbollah wollte den libanesischen Bürgerkrieg, der seit Jahren den inneren Frieden des Landes zerstört hatte, beenden.

1985 veröffentlichte die Hizbollah ein Manifest mit der Forderung, der Libanon müsse ein islamischer Staat, die israelischen und die multinationalen Truppen müssten abgezogen und der jüdische Staat vollständig zerstört werden.

Später gab die Hizbollah zumindest offiziell die Forderung nach einer Islamisierung des Libanon wieder auf als Reaktion auf das Taif-Abkommen von 1989. Dieses Abkommen sollte den jahrzehntelangen Bürgerkrieg beenden. Es sah vor, die libanesische Autorität im israelisch besetzten Südlibanon wiederherzustellen und gleichzeitig die syrische Besatzung des Libanon zu legitimieren. Demnach sollten alle ethnischen Milizen entwaffnet werden, die Staatsgewalt wieder auf die Zentralregierung übergehen. Natürlich wurde dieses Abkommen niemals wirklich umgesetzt. Während die meisten Milizen im Laufe der darauf folgenden Jahre jedoch tatsächlich entwaffnet wurden, rüstete die Hizbollah mit Hilfe Irans und Syriens immer weiter auf und gewann zunehmend politische und militärische Macht. Die libanesische Regierung konnte und wollte nichts dagegen tun.

In jenen Jahren zeichnete die Hizbollah für brutale Attentate auf die multinationalen Truppen verantwortlich, wie etwa auf die amerikanischen und französischen Soldaten in Beirut mit Hunderten Toten. Immer wieder wurden Ausländer gekidnappt, der TWA-Flug Nummer 847 wurde von der Hizbollah entführt, auf die israelischen Soldaten im Südlibanon wurden Anschläge in steigender Zahl ausgeführt, darunter durch viele Selbstmordkommandos. Diese Taktik der Hizbollah wurde nach und nach zum Vorbild für viele andere islamistische Organisationen in der ganzen Welt.

Die Anfänge der Hizbollah lassen sich, wie gesagt, auf das Jahr 1982 zurückverfolgen. Syrien genehmigte damals der Islamischen Revolutionsregierung im Iran, rund 1000 Mann ihrer Revolutionärsgarde im Bekaa-Tal im Ostlibanon zu stationieren. Das Tal war von syrischen Truppen besetzt. Bis dahin hatte es die syrische Regierung dem Mullah-Regime in Teheran untersagt, sich direkt in libanesische Angelegenheiten einzumischen. Doch der Einmarsch der Israelis, mehr noch: der überaus herzliche Empfang der israelischen Armee durch die schiitische Bevölkerung im Südlibanon damals, die froh war, dass nun die PLO des Jassir Arafat, die sich im Libanon zur Hausmacht emporgeschwungen hatte, vertrieben werden sollte, dieser herzliche Empfang überzeugte die syrische Führung rasch, dass Irans Einfluss dringend nötig sei und womöglich Teheran die Unterstützung der Bevölkerung für Israel im Süden verhindern könne. (Wirtschaftlich spielte in diesen Überlegungen natürlich auch der billige Ölimport aus dem Iran für den Libanon eine Rolle.)

Eine iranische Delegation machte sich also auf den Weg in den Libanon. Sie bestand überwiegend aus Militärs und Geistlichen, die sich sofort daranmachten, eine nicht geringe Anzahl junger, militanter libanesischer Geistlicher zu rekrutieren, die zum libanesischen Arm von Al-Da'wa gehörten, einer fundamentalistischen, äußerst radikalen irakischen Schiitenorganisation. Gleichzeitig bemühten sich die Iraner ebenso erfolgreich, Mitglieder des Islamischen Amals auf ihre Seite zu ziehen, eine Gruppe, die sich von der eigentlichen Amal-Miliz abgespalten hatte, nachdem sich Letztere unter der Führung von Nabih Berri zunehmend säkularisiert hatte.

Die jungen religiösen Führer, die nun den Kern der Hizbollah-Führung bilden sollten, wurden in schiitischen Religionsseminaren im südlichen Irak ausgebildet, vor allem in Nadschaf, wo der iranische Führer Ayatollah Khomeini und seine Mitstreiter jahrelang im Exil gelebt hatten. 1985 schließlich schwor die Hizbollah einen Eid auf Khomeini und garantierte ihm Loyalität.

Nach dem Abzug der internationalen Schutztruppen und dem Rückzug Israels begann sich das Verhältnis zwischen Damaskus und Teheran rasch zu verschlechtern. Denn die Position der »Schutzmacht« Syrien hatte sich nun verbessert. Der libanesische Präsident Amin Gemayel forderte nicht länger einen Abzug Syriens aus dem Libanon, sondern verpflichtete sich, mit Damaskus zu verhandeln. Syrien begann unterdessen, die Hizbollah als eine revolutionäre religiöse Bewegung zu fürchten, da sie ausschließlich Iran gehorchte und einen Umsturz des gesamten politischen Systems in Beirut einforderte. Zwar unterstützte Syrien die Angriffe der Hizbollah gegen die israelischen Truppen im Süden, doch die häufigen Entführungen von westlichen Ausländern (darunter auch immer wieder Deutsche), dienten ausschließlich iranischen Interessen, die die Geiseln als Verhandlungsmasse bei direkten Gesprächen mit westlichen Regierungen benutzten, um so politische und wirtschaftliche Konzessionen des Westens für sich zu erpressen. Syrien wollte dem Westen beweisen, dass es in der Lage sei, ganz allein den Libanon zu beruhigen und zu kontrollieren. Ein weiterer Grund für Syrien, sich gegen die Hizbollah zu stellen: Die »Partei Gottes« (was »Hizbollah« bedeutet) begann zunehmend im Libanon nicht-westliche, linke Institutionen anzugreifen, wie etwa die Büros der libanesischen Kommunisten und der syrischen sozialistischen nationalistischen Partei (SSNP); ja, die schiitischen Fundamentalisten gingen sogar so weit, vier sowjetische Diplomaten kurzzeitig zu entführen.

Mitte der achtziger Jahre begann sich die militärische und sozioökonomische Präsenz der Hizbollah immer weiter auszuweiten. Sie war nun nicht mehr ausschließlich im Bekaa-Tal vorherrschend. Sie gewann zunehmend Einfluss im Südlibanon und in den schiitischen Bezirken Südbeiruts. Damit bedrohte sie unmittelbar die rivalisierende, ebenfalls schiitische Amal-Miliz, die von Syrien gefördert und unterstützt wurde. Dank iranischer Geldquellen konnte die Hizbollah ihren Kämpfern jedoch wesentlich mehr bezahlen als die Amal ihren Milizionären. Außerdem gewann die Hizbollah durch ihre hervorragenden Finanzressourcen die Herzen der schiitischen Libanesen im Flug, da sie ihnen eine Reihe sozialer Hilfsleistungen anbieten konnten. Die Regierung in Beirut war dazu nicht in der Lage, schon gar nicht die Amal, die im Gegenteil von der Bevölkerung für ihre Kämpfer Steuern erheben musste, da sie von Syrien nicht ausreichend finanziert werden konnte.

Es gab noch einen weiteren Faktor für die wachsenden Spannungen zwischen Syrien und der Hizbollah. Damaskus wollte unbedingt den einzigen noch verbliebenen Feind im Libanon vernichten: die PLO. Auch wenn die PLO-Führung durch den israelischen Einmarsch nach Beirut den Libanon verlassen musste und nach Tunis abwanderte, blieb die palästinensische Befreiungsorganisation im Libanon doch stets eine wichtige Kraft in den palästinensischen Flüchtlingslagern. Im Mai 1985 griff die Amal-Miliz deshalb das Flüchtlingslager Schatilla an. Damit begann der sogenannte Krieg der Lager, der fast zwei Jahre lang andauerte und mehr als 2500 Menschen das Leben kostete. Diese Auseinandersetzungen dürfen nicht verwechselt werden mit den Blutbädern der christlichen Falange in den Flüchtlingslagern Sabrah und Schatilla in der Zeit der israelischen Okkupation.

Obwohl die Amal-Miliz für ihren Angriff damals ihre eigenen Beweggründe hatte (das Lager hinderte geographisch die Amal daran, ihre Dominanz in Westbeirut auszubauen und zu sichern), so wurde der Angriff allgemein als Befehl aus Damaskus interpretiert, wahrscheinlich nicht zu Unrecht. Die

Hizbollah verurteilte die Aktion der Amal als »internationale Verschwörung«. Sie begann nicht nur in den Flüchtlingslagern humanitäre Hilfe zu leisten, sondern kämpfte immer wieder an der Seite der Palästinenser gegen die syrisch orientierte Miliz.

Als der Bürgerkrieg im Libanon sich dem Ende zuneigte, war der Einfluss Irans auf die Hizbollah schwächer geworden. 1989 war Revolutionsführer Ayatollah Khomeini in Teheran gestorben. Hussein Fadlallah, der geistliche Führer der Hizbollah, ebenso wie die politische Führung der Organisation, gaben ihr Ziel, zumindest für einige Zeit, auf, aus dem Libanon einen islamischen Gottesstaat zu machen. Stattdessen bemühten sie sich, ihren Einfluss in der vom Bürgerkrieg geschundenen Bevölkerung zu stabilisieren und auszubauen.

In den späten achtziger und frühen neunziger Jahren kämpfte Syrien mit aller Macht gegen den Einfluss der Hizbollah im südlichen und westlichen Teil Beiruts. Das iranische Gewicht im Libanon sollte damit zurückgedrängt werden. Gleichzeitig beschränkte Syrien die Zahl der iranischen Revolutionärsgarden, die sich im Libanon noch aufhalten durften, auf 300. Was Hafez al-Assad, den uneingeschränkten Herrscher in Damaskus, allerdings nicht daran hinderte, jeden Angriff der Hizbollah gegen Israel zu unterstützen; schließlich hatte Iran Syrien garantiert, im Falle eines israelischen Angriffes dem Land militärisch beizustehen, wenn die Hizbollah als einzige Miliz im Libanon das exklusive Recht erhält, seine Waffen nicht abgeben zu müssen und damit weiterhin gegen Israel Angriffe führen zu können. Auch wenn immer wieder andere Milizen gelegentliche Terrorattacken gegen Israel durchführten, nur die Hizbollah konnte weiterhin systematisch neue Kämpfer rekrutieren, sie ausbilden und einen straffen, durchorganisierten Militärapparat aufbauen. Damit wurde die Hizbollah schließlich zur stärksten Militärmacht überhaupt im Libanon. Das offizielle libanesische Mi-

litär hatte gegen die Kämpfer der Schiitenorganisation nichts
zu melden, es hatte weder eine auch nur annähernd gleich-
wertige Ausbildung noch die entsprechende Ausrüstung zur
Verfügung. So ist es nicht weiter verwunderlich, dass zwischen 1984 und 1993 die Hizbollah für rund 90 Prozent aller
bewaffneten Angriffe auf Israels Truppen im Libanon verantwortlich zeichnete.

Im Jahr 1992 wurde die Hizbollah auch offiziell zum politischen Faktor in der libanesischen Gesellschaft. Sie nahm zum
ersten Mal an den Wahlen teil und gewann zwölf der 128 Parlamentssitze. 1996 gewann sie zehn Sitze, im Jahr 2000 nur
noch acht. Bei den allgemeinen Wahlen 2005 konnte sie vierzehn Sitze erobern, eine Allianz von Amal und Hizbollah gewann alle 23 Sitze im Südlibanon. Im aktuellen Kabinett ist
die Hizbollah der kleine Partner mit lediglich zwei Kabinetts-
sitzen. Doch ihr Erfolg wird von anderen islamischen Organisationen im Nahen Osten als Vorbild gesehen.

Dass die Hizbollah heute im Süden des Landes besonders
stark ist, liegt in erster Linie am Fehlen von Verwaltungsbe-
hörden der Zentralregierung. Obwohl die Hizbollah Teil der
offiziellen Regierung ist, finanziert sie im Süden dennoch unabhängig soziale Einrichtungen. Sie unterstützt Schulen,
Krankenhäuser, verteilt Essen, Hilfsgüter und Jobs an die Bedürftigen und sichert sich so – unabhängig von der Regierung
in Beirut – ihren Einfluss.

Ende 2006, also ein halbes Jahr nach dem Libanon-Krieg
im Sommer gleichen Jahres, als Israel große Teile Südliba-
nons bombardiert hatte, war die Lage dort immer noch kata-
strophal. Der Wiederaufbau der gesamten Infrastruktur und
der zerstörten Häuser und Wohnungen liegt ganz in der
Hand der Hizbollah. Obwohl sich die Regierung Siniora in
Beirut dazu verpflichtet hat, dem Süden beim Wiederaufbau
zu helfen und damit auch dort wieder Einfluss gewinnen
möchte, sieht die Realität sechs Monate nach Kriegsende

ganz anders aus. Es gibt immer noch keine Lösung, wie die ausländische Finanzhilfe verwaltet werden soll. Die Folge: Die Regierung hat in Südlibanon bis dato nichts erreicht, wohingegen die Hizbollah unmittelbar nach Kriegsende mit iranischer Finanzunterstützung jeder obdachlosen Familie sofort 10 000 US-Dollar auszahlte. Inwiefern sie diese Politik konsequent durchführen konnte, ist ungewiss, doch der mediale Erfolg der ersten Wochen und damit die Sympathie der leidenden Bevölkerung war der Hizbollah sicher. In diesem Sinne macht die Schiitenpartei weiter, wenngleich immer häufiger Beschwerden zu hören sind, dass Dörfer und Häuser der Landbevölkerung nur dann wiederaufgebaut werden, wenn die Menschen aktiv die Hizbollah unterstützen oder gar Mitglieder der Organisation sind oder werden. Wenn nicht – dann werden sie in ihrer Not einfach alleingelassen.

Es ist eine Tragödie, dass es der aktuellen libanesischen Regierung nicht gelingt, die Situation zu nutzen, um endlich stabile Verhältnisse im Südlibanon zu schaffen und so den Einfluss der Hizbollah, die ja schon längst als »Staat im Staate« funktioniert, zurückzudrängen. Dabei wird auch ein Manko der internationalen Staatengemeinschaft offensichtlich. Zwar ist es ein Leichtes, mit Lippenbekenntnissen, Geld und einer UNIFIL-Truppe, die nicht viel ausrichten kann, so zu tun, als ob man eine Demokratisierung und Stabilisierung des Libanon erreichen will, doch gleichzeitig belässt man den Süden, der wegen des Konflikts mit Israel der sensibelste Teil des Landes ist, gänzlich in den Händen der radikalen Schiiten. Damit jedoch ist ein neuer Konflikt mit Israel so gut wie vorprogrammiert. Die beeindruckenden Straßendemonstrationen gegen die Regierung Siniora in Beirut Ende 2006 haben bereits einen Vorgeschmack gegeben, wozu die Hizbollah jetzt, nach dem für Israel völlig fehlgeschlagenen Krieg, innenpolitisch imstande ist.

Der fehlgeschlagene Krieg: Zumindest zu Beginn der bewaffneten Auseinandersetzungen hat sich die Hizbollah noch verspekuliert. Sie hat mit den massiven Angriffen der israelischen Armee nicht gerechnet. Das geht aus Statements hervor, die Hizbollah-Führer Hassan Nasrallah selbst öffentlich gemacht hat. Sogar nachdem Israel bereits Beirut bombardierte, war die Führung der Hizbollah überzeugt, die Angriffe würden nach »ein paar Tagen« aufhören. Das erklärte sie dem libanesischen Premierminister Fuad Siniora, der die Hizbollah in einem internen Gespräch wütend verantwortlich machte für den Wahnsinn, der über Beirut hereinbrach.

Warum also tötete die Hizbollah auf israelischem Territorium acht Soldaten und brachte zwei weitere in ihre Gewalt? Diese Entführung war der offizielle Kriegsgrund Israels, das bis zu diesem Zeitpunkt eine ruhige Grenze mit dem Libanon hatte, eine Grenze, die international anerkannt war. Welche Motivation steckte also hinter der Entführung? Eine Frage, die bis heute nicht wirklich beantwortet werden kann. Es gibt Vermutungen:

Nachdem Syrien als Besatzungsmacht nach der Ermordung von Ministerpräsident Rafik al-Hariri aus dem Libanon 2005 herausgedrängt worden war, hatte die Hizbollah keine unmittelbare Unterstützung mehr auf libanesischem Boden. Die neue libanesische Regierung hatte einen »Nationalen Dialog« eingeführt, an der sich alle Gruppen und Parteien, die sich in der politischen Arena des Landes tummelten, beteiligten. Im Rahmen dieser Gespräche wurde die Forderung lauter, die Hizbollah möge sich doch nun endlich entmilitarisieren, gemäß der UNO-Resolution 1559. Natürlich lehnte Nasrallah dies strikt ab, unter dem Hinweis, dass die einzige militärische Option, die das Land gegen eine mögliche israelische Invasion habe, seine Milizionäre seien. Er erklärte weiter, dass Israel es niemals wagen würde, den Libanon anzugreifen, da die Hizbollah über rund 20 000 Raketen verfüge, die den gesamten Norden Israels erreichen könnten, bis hi-

nunter nach Haifa, wo sich die wichtigste petrochemische Anlage des jüdischen Staates befindet. Möglicherweise sollte die
Entführung der beiden Soldaten einen bewaffneten Konflikt,
wenngleich kleineren Ausmaßes, auslösen, um zu beweisen,
dass sich Israel zurückhält? Wenn dem so wäre, dann dürfte sich die Hizbollah innenpolitisch jetzt erst recht dem Druck ausgesetzt sehen, ihre
Waffen abzugeben – wobei aber niemand im Libanon die
Macht hat, sie dazu zu zwingen.

International war die Hizbollah schon lange vor dem Krieg
im Sommer 2006 in Misskredit geraten. Nachdem sie über
Jahrzehnte immer wieder zivile Ziele angegriffen hatte, war
sie von den USA als Terrororganisation eingestuft worden.
Anlass dazu boten vor allem die Entführung eines Passagier-
flugzeuges der amerikanischen Luftfahrtgesellschaft TWA
am 14. Juni 1985, das sich auf dem Weg von Athen nach Rom
befand. An Bord töteten die Terroristen einen Passagier,
einen amerikanischen Marinetaucher. Die Hizbollah ist wahrscheinlich auch für das Attentat auf die israelische Botschaft
in Argentinien verantwortlich, bei der im Jahre 1992 29 Menschen getötet wurden. 1994 tötete die Hizbollah, nach Angaben des US-Außenministeriums, bei einem Attentat auf das
jüdische Gemeindezentrum in Buenos Aires 85 Menschen –
die Hizbollah lehnt allerdings für diesen Anschlag bis heute
jede Verantwortung ab. Dafür griff sie im Juni 1996 einen
Häuserkomplex in Saudi-Arabien an, in dem sich Mitglieder
des US-Militärs befanden. 19 Amerikaner wurden dabei getötet, 370 zum Teil schwer verletzt. Später wurden vierzehn
Aktivisten der Hizbollah für diesen Anschlag vor Gericht gestellt.

Dass die Hizbollah ausgerechnet in Argentinien aktiv wurde,
ist übrigens kein Zufall. Argentinien, ebenso wie Paraguay
und Brasilien, ist bekannt für seine Gastfreundschaft gegenüber Terrororganisationen aller Art. Die drei Staaten unter-

stützen sie finanziell und logistisch. Nach Angaben amerikanischer Geheimdienste sollen in dieser Region inzwischen die Hizbollah und Al-Kaida, die Terrororganisation von Osama Bin Laden, engstens zusammenarbeiten. Ein Teil des Geldes, mit dem sich diese Organisationen finanzieren, stammt angeblich aus Drogengeschäften, die über Lateinamerika abgewickelt werden.

Hat sich die Hizbollah in ihrer Haltung gegenüber dem Libanon immer wieder neu orientiert und formuliert, so ist eine Konstante ihres Kampfes der Hass auf Israel und die Unterstützung des palästinensischen Volkes. Die radikal-islamische Hamas, die in den palästinensischen Gebieten operiert und seit Anfang 2006 auch die Regierung stellt, wird seit Jahren von der Hizbollah mit Waffen versorgt, die aus Syrien und dem Iran stammen. Die sunnitische Hamas schickt ihre Kämpfer auch gerne in die Trainingslager der Schiitenorganisation im Libanon. Israel behauptet, dass Hizbollaheinheiten inzwischen auch in der Westbank und im Gazastreifen operieren, aber es bleibt abzuwarten, ob die palästinensischen Sunniten letztendlich den Schiiten erlauben werden, sich in die innerpalästinensischen Angelegenheiten einzumischen. Im Augenblick jedoch sind die Kontakte zwischen Hizbollah und Hamas prächtig. Dank des internationalen Finanzboykotts gegen die palästinensische Hamas-Regierung hat sich deren Ministerpräsident Ismail Hanija eindeutig auf die Seite des Iran geschlagen und lässt sich mit rund 250 Millionen US-Dollar von Teheran finanzieren. Für Teheran ist das ein gelungener Coup – im Norden Israels hat es Einfluss auf die Hizbollah, im Süden des jüdischen Staates versucht Präsident Ahmadinejad über den Gazastreifen den Kampf gegen Israel zu forcieren und das Land somit »in die Zange« zu nehmen. Die Hizbollah wird also als verlängerter Arm des Iran im israelisch-arabischen Konflikt auch in Zukunft eine wichtige und bedrohliche Rolle spielen.

Syrien

Im Jahre 1946 erhielt Syrien von der Kolonialmacht Frankreich seine Unabhängigkeit und wurde Republik. Nur zwei
Jahre später, 1948, erklärte Israel seine Unabhängigkeit. Der
erste israelisch-arabische Krieg brach aus, der aus israelischer
Sicht sogenannte »Unabhängigkeitskrieg«. Syrien stellte damals den multinationalen arabischen Truppen nur eine kleine
Zahl von Soldaten im Kampf gegen den jüdischen Staat zur
Verfügung, gerade mal 2500 Mann, von denen lediglich 1000
auf israelischem Boden kämpften, der Rest blieb in Syrien stationiert. Das hatte wenig mit Zuneigung für den Zionismus zu
tun. Es war eher eine politische Unterwerfungsgeste gegenüber
den Großmächten Frankreich, USA und Großbritannien.
Präsident Shukir al-Kuwatli wollte sich nicht in deren Regio-
nalpolitik einmischen. Es war aber auch ein Statement Syriens
gegenüber dem Panarabismus, der damals in den arabischen
Staaten vorherrschenden Ideologie, die vorsah, einen nationalen Einheitsstaat für alle Araber zu schaffen. Dass Syrien
also im Krieg gegen Israel nicht wirklich mit von der Partie
war, war also ein klares Zeichen, dass die Regierung in Damaskus schon damals die eigenen Interessen über die der
»arabischen Sache«, des arabischen Kollektivs stellte, was immer das auch jeweils bedeuten mochte. Dass es Israel damals
gelang, die arabische Armee hinter die libanesische Grenze
zurückzudrängen, ist also – aus heutiger Sicht geradezu un-
glaublich – quasi der syrischen »Nichteinmischung« zu verdanken.

Nach der ersten arabischen Niederlage gegen Israel, die auf Arabisch »Nakba« genannt wird, auf Deutsch: »Katastrophe«, offerierten die USA Syrien 400 Millionen US-Dollar, um im fruchtbaren Nordosten des Landes rund eine halbe Million palästinensischer Flüchtlinge anzusiedeln. Doch die syrischen Oppositionsparteien protestierten gegen diesen Vorschlag. Sie sahen dieses Angebot als Ausverkauf der in ihren Augen legitimen palästinensischen Rechte auf eine Rückkehr in das Land, das jetzt von den »Zionisten« besetzt gehalten wurde. Es kam in der Folge zu heftigen innenpolitischen Krisen, die 1958 zu einem Zusammenschluss Syriens mit Ägypten führten. Beide Staaten bildeten die Vereinigte Arabische Republik (VAR), ein erstes Ergebnis des Aufstiegs des Panarabisten Gamal Abdel Nasser, des neuen Herrschers Ägyptens, der am Ende sogar in Syrien mit seinen Vorstellungen von neuer arabischer Größe Begeisterung auslösen konnte. Doch rasch musste Syrien erkennen, dass es im besten Falle nur »Juniorpartner« in dieser VAR war, dass Ägypten das Sagen hatte, dass obendrein die wirtschaftlichen Verhältnisse immer schlechter wurden. Bereits 1961 führte ein Putsch syrischer Offiziere zum Ende der Vereinigten Arabischen Republik, zwei Jahre später kam es zu einem erneuten Putsch, der die Baath-Partei zum ersten Mal in Syrien an die Macht brachte.

Die Baath-Partei, deren Ideologie säkular und sozialistisch angehaucht war, war in ihren Anfängen noch in sich zerstritten. Die Niederlage Syriens im 6-Tage-Krieg 1967 gegen Israel, als Syrien diesmal neben Jordanien und Ägypten als Kriegsgegner all seine Truppen gegen Israel einsetzte, führte zu einer weiteren innenpolitischen Krise, da Syrien die Golanhöhen an Israel verlor, eine nationale Schmach, die bis heute nicht verwunden ist. Die Golanhöhen zurückzubekommen hat für Syrien nach wie vor oberste Priorität.

Vor der Niederlage konnte Syrien zumindest einen kleinen

Erfolg für sich verbuchen: Am 18. Mai 1965 wurde in Damaskus der israelische Meisterspion Eli Cohen öffentlich gehängt.

Cohen gilt als einer der erfolgreichsten Spione der Moderne. In Ägypten geboren, arbeitete er bereits in den fünfziger Jahren von dort aus für Israel. Doch seine eigentliche Karriere begann erst, als ihn der israelische Geheimdienst 1960 rekrutierte. Er erhielt eine falsche Identität als syrischer Araber, der in sein Heimatland nach einem langen Auslandsaufenthalt in Argentinien zurückkehrt. Um seine Legende glaubhaft zu machen, zog Cohen für ein Jahr nach Argentinien, ehe er nach Syrien eingeschleust wurde. In Damaskus lebte er als Kamel Amin Tsa'abet. Rasch gelang es ihm, das Vertrauen syrischer Militärs und Regierungsmitglieder zu gewinnen. Sein größter Erfolg war ein Besuch der syrischen Militäranlagen auf den Golanhöhen. 1964 wurde er direkt dem Mossad unterstellt, nachdem die israelischen Geheimdienste in ihrer Struktur umorganisiert worden waren. 1965 flog Eli Cohen auf. Sowjetische Experten erwischten ihn, als er gerade dabei war, via Radiowellen Informationen zu verschicken. Sie waren auf ihn aufmerksam geworden, weil es im Radio plötzlich massive Interferenzen gegeben hatte. Es kam zu einem Schauprozess, bei dem er natürlich schuldig gesprochen wurde. Obwohl sich selbst Papst Paul VI. für ihn einsetzte, wurde das Urteil, Tod durch öffentliches Hängen, vollzogen.

Bis heute weigert sich Syrien, die sterblichen Überreste von Eli Cohen an Israel zu übergeben. Sollte es jemals zu einem Friedensschluss kommen, wird die Übergabe von Eli Cohens Leichnam Teil des Deals sein. Immer wieder wurde Syrien von der internationalen Staatengemeinschaft aufgefordert, Cohen als Zeichen des guten Willens an Israel zu übergeben. Sogar die UN und die EU hatten Damaskus darum gebeten. Vergeblich. Für Syrien war und ist dieser Spionagefall einer der erniedrigendsten Vorfälle seiner Geschichte.

1970 schickten die Syrer Truppen nach Jordanien, um der PLO in ihrem Kampf gegen die Herrschaft König Husseins beizustehen. Nicht alle Flügel der Baath-Partei stimmten diesem Schritt zu. Es kam zu heftigen Kontroversen, die mit einem erneuten politischen Coup endeten: Hafiz al-Assad, damals Verteidigungsminister, riss die Macht an sich und wurde Staatspräsident (er ließ sich mit 99,2 Prozent »wählen«, ohne Gegenkandidaten, versteht sich) und blieb in diesem Amt bis zu seinem Tod im Jahre 2000. Assad baute seine Macht mittels eines perfekten Sicherheits- und Geheimdienstsystems auf. Seine politischen Gegner schaltete er mit äußerster Brutalität aus. Assad, der einen vollständig laizistischen Staat wollte, unterdrückte jegliche Ansätze islamistischen Terrors im eigenen Land konsequent. Als die islamistischen Muslimbrüder in Syrien Terroranschläge gegen das Regime auszuüben begannen, zögerte Assad nicht, sie zu verfolgen. 1982 kam es in der mittelsyrischen Stadt Hama zu einem Aufstand der Muslimbrüder. Assad ließ seine Armee mit Panzern und der Luftwaffe angreifen. Bei den heftigen Kämpfen wurden zwar 1000 Soldaten getötet. Doch Assad gab seinen Militärs freie Hand und so starben schließlich rund 30 000 Menschen. Der islamistischen Opposition in Syrien war endgültig das Rückgrat gebrochen, und Präsident Assads Macht war von nun an ungefährdet.

1973 führte Syrien erneut Krieg gegen Israel, wieder an der Seite Ägyptens. Der »Jom-Kippur-Krieg« mündete beinahe in eine Niederlage Israels, das unter hohen Verlusten schließlich doch siegen konnte und Syrien erneut eine bittere Niederlage zufügte. Dank eines Entflechtungsabkommens nach dem Krieg erhielt Syrien einen winzigen Teil des Golan zurück, gerade genug allerdings für Hafiz al-Assad, um sich zum Sieger erklären zu können. Ausgerechnet er, der sein Leben lang mit Israel keinen Frieden schloss – im Gegensatz zu Ägypten und Jordanien –, sorgte dann aber dafür, dass es an der israelisch-syrischen Grenze fortan so gut wie vollständige Ruhe gab.

Denn Syriens Augenmerk richtete sich nach der zweiten Niederlage gegen Israel mehr und mehr auf den Libanon. 1976 begann Assad sich in den dortigen Bürgerkrieg einzumischen. Zunächst kamen seine Truppen den christlichen Maroniten zur Hilfe, doch bald wechselte Syrien die Seite, wurde zur Besatzungsmacht und unterstützte zunehmend islamistische Elemente.

Der Libanon wurde rasch zu einer wichtigen Wirtschaftsquelle für Syrien – die Besatzung im Nachbarstaat kreierte zahlreiche Jobs. Erst im Jahre 2005, nachdem der libanesische Ministerpräsident Rafik al-Hariri ermordet wurde und eine UN-Kommission ebenso wie die öffentliche Meinung in Libanon die Verantwortlichen dafür in Damaskus sahen, mussten sich die syrischen Truppen dem immer stärker werdenden Druck der libanesischen Bevölkerung beugen und abziehen. Damit aber ist Syriens Rolle in der libanesischen Innenpolitik natürlich nicht vorbei. Nach wie vor unterstützt Damaskus, wo inzwischen Bashar, der Sohn von Hafiz al-Assad, die Macht übernommen hat, die islamistische Hizbollah, zuletzt ganz offensichtlich im Krieg gegen Israel im Sommer 2006. Die Hizbollah hat inzwischen die Regierung verlassen und versucht nun die Macht an sich zu reißen, indem sie eine Änderung des Wahlsystems fordert. Ein neuer Bürgerkrieg bedroht den Libanon, im Zuge dessen die Syrer rasch wieder eine aktivere Rolle in Beirut spielen könnten.

Nach dem Zweiten Weltkrieg, als die Welt dank des darauf folgenden Kalten Krieges zunehmend bipolar wurde, entwickelte sich zwischen Syrien und der Sowjetunion eine intensive Allianz. Moskau lieferte Syrien Waffen und Ausrüstung für seine Armee, sowjetische Wirtschaftshilfe garantierte dem nordöstlichen Nachbarn Israels Stabilität. Doch nach dem Ende der Sowjetunion begann Syrien sich allmählich den

USA zuzuwenden. Im Golfkrieg 1991, als die USA eine internationale Allianz gegen Saddam Hussein schmiedeten, um den Einmarsch des Irak ins benachbarte Kuwait »rückgängig« zu machen, stellte sich Damaskus an die Seite Washingtons. Assad hoffte, auf diesem Weg endlich zu einer Lösung mit Israel zu kommen, für die Unterstützung der Amerikaner als »Belohnung« die Golanhöhen zurückzuerhalten. Präsident George Bush, der Vater des heutigen Präsidenten George W. Bush, brachte immerhin nach dem Golfkrieg 1991 zusammen mit seinem Außenminister James Baker alle verfeindeten Staaten des Nahen Ostens an einen Tisch. Die Internationale Friedenskonferenz von Madrid zwang Israel, Syrien und die PLO zum ersten Mal dazu, miteinander zu reden. Auch wenn es zu keinen sichtbaren Ergebnissen führte – bis zum Jahre 2000 verhandelten Israel und Syrien, suchten eine Friedenslösung. Zum ersten Mal waren Gespräche zwischen den beiden Erzfeinden möglich geworden. Selbst der israelische Hardliner Benjamin Netanjahu verhandelte in seiner Zeit als Ministerpräsident mit Syrien. Angeblich seien sich beide Seiten fast schon einig gewesen, wie eine Rückgabe des Golan mit entsprechenden Sicherheitsgarantien für Israel funktionieren könnte, doch weder Netanjahu noch sein Nachfolger im Amt, Ehud Barak, brachten schließlich das Wunder zustande, Frieden zu schließen. Innenpolitische Krisen in Israel, aber auch letzte Widerstände aus Damaskus scheinen der Grund dafür zu sein. Gerne wandten sich die israelischen Politiker in schwierigen Verhandlungsphasen lieber dem palästinensischen Konfliktpartner zu, wo man eine raschere Lösung benötigte, weil diese Front, im Gegensatz zur syrischen, höchst blutig war.

Heute, mehrere Monate nach dem zweiten Libanon-Krieg, erklärt Syriens Präsident Bashar al-Assad in den internationalen Medien immer wieder, dass er zu Friedensgesprächen mit Israel bereit sei. Natürlich will er die Golanhöhen zurückbekommen. Israel reagiert auf dieses Gesprächsangebot bislang negativ. Man traut Assad nicht. Immerhin unterstützt Syrien die Hizbollah im Libanon weiterhin mit Waffenlieferungen, ebenso beherbergt Damaskus die Zentralen der wichtigsten palästinensischen Terrororganisationen wie etwa der radikal-islamischen Hamas, die seit den Parlamentswahlen Anfang 2006 auch die palästinensische Regierung stellt. Israel will erst dann mit Syrien wieder an einem Tisch sitzen, wenn Assad die Unterstützung all dieser Organisationen aufgibt. Im Augenblick scheint Syrien dazu aber nicht bereit zu sein.

Die Unterstützung der Palästinenser muss allerdings mit Augenmaß beurteilt werden. Syrien unterstützt die Palästinenser immer gerade nur so weit, wie es den eigenen Interessen dient. Das war bereits während des Bürgerkriegs im Libanon zu beobachten, aber auch während der Friedensverhandlungen mit Israel. Damaskus scherte sich nicht um die palästinensischen Interessen, sondern achtete immer nur auf den eigenen Vorteil. Die Palästinenser waren sich dessen stets bewusst und schlossen immerhin 1993 mit Israel die Oslo-Friedensverträge ab. Die Geheimverhandlungen mit Israel hatte PLO-Chef Jassir Arafat mit Syrien nicht einmal im Ansatz abgesprochen. Kein Wunder, dass sich die Beziehungen zwischen der PLO und Syrien danach radikal verschlechterten. Syrien fühlte sich von Arafat hintergangen. Erst nach seinem Tod nahm Damaskus wieder intensivere Kontakte zu den Palästinensern auf.

Syriens Politik war stets darauf bedacht, seine eigene regionale Vormachtstellung zu sichern. So darf auch die Annäherung an die USA nach 1989 nicht als Hinwendung zum Westen missverstanden werden. Schließlich ist heute der Iran der wichtigste strategische Partner Syriens. Es erhält aus Teheran billiges Öl und militärische Unterstützung. Der Preis, den Syrien dafür bezahlt, ist offensichtlich bislang für Bashar al-Assad nicht zu hoch – Syrien gilt in den Augen von US-Präsident Bush ebenfalls als Staat, der zur »Achse des Bösen« gehört. Damit aber kann Assad bislang gut leben. Seine Politik scheint insofern aufzugehen, als der Westen, vor allem Europa, nach dem Libanon-Krieg darauf drängt, Gespräche mit Syrien aufzunehmen, um Assad aus der Allianz mit dem Iran herauszulösen, um der Hizbollah die militärische Basis zu entziehen und so dem Libanon Stabilität zu ermöglichen und um einen möglichen nächsten Krieg zwischen Israel, der Hizbollah, Syrien und dem Iran zu verhindern – einen Krieg, von dem viele überzeugt sind, dass er früher oder später geführt wird, weil Israel eine Nuklearmacht Iran aus Angst um seine Existenz niemals zulassen wird.

Gibt es womöglich Chancen, Syrien aus den Klauen des Iran herauszulösen? Davon sind viele im Westen überzeugt. Denn trotz der Unterstützung islamistischer Kräfte – die herrschende Baath-Partei ist bis heute radikal laizistisch, radikal anti-religiös.

Eine Schlüsselrolle bei der Vermittlung zwischen Syrien und dem Westen könnte der Türkei zufallen. Sie ist ein enger strategischer Partner der USA und Israels und teilt mit Syrien eine Grenze und vor allem: Wasserquellen. Die Türkei kontrolliert die gesamte Wasserzufuhr, die Syrien vom Euphrat erhält. Noch in den frühen neunziger Jahren drohte ein Krieg zwischen der Türkei und einer Koalition syrischer und irakischer Truppen wegen eines Streits um die Wasserverteilung. Die Vermittlungen der USA und Ägyptens verhinderten ihn. Syrien erhielt wieder Wasser, musste dafür aber seine Unterstützung der kurdischen PKK in ihrem Kampf gegen die türkische Regierung aufgeben. Heute ist die Türkei das einzige nichtarabische Land, das gute Beziehungen zu Syrien unterhält. Sollte die Türkei früher oder später EU-Mitglied werden, so könnte das auch für Syrien positive wirtschaftliche Auswirkungen haben.

Doch dazu muss sich Assad mehr bewegen. Zwar war Syrien

eines der ersten Länder, das die von den USA eingesetzte irakische Regierung nach dem Sturz Saddam Husseins anerkannte. Doch Syrien hält seine Grenzen zum Irak weiterhin offen. Waffen und islamistische Terroristen können ungehindert in den Irak gelangen und somit den bewaffneten Kampf gegen die amerikanischen Truppen fortführen.

Wohin also steuert Syrien? Was will Damaskus eigentlich? Präsident Assad, daran kann kein Zweifel bestehen, benötigt den Westen dringender denn je, wenn er die Wirtschaft in seinem Lande modernisieren will. Er muss aber einige Voraussetzungen erfüllen, um die Industrienationen auf seine Seite zu bringen. Assad spricht gern und viel von der Demokratisierung seines Landes, doch bis auf die Zulassung von Internetzugängen ist bis dato nicht viel geschehen. Auch die Menschenrechte sind ein wichtiges Thema. Ohne Konzessionen und massive Fortschritte in diesem Bereich scheint eine Annäherung zwischen Syrien und dem Westen nicht möglich.

Allerdings wissen die Syrer auch, dass die USA sie brauchen, um eine Lösung für das wachsende Problem mit dem Iran zu finden. Damaskus pokert dementsprechend hoch: Ihr wollt, dass wir euch gegen den Iran helfen? Dann zwingt Israel dazu, uns die Golanhöhen zurückzugeben ...

Wie bereits erwähnt, im Augenblick lassen die Israelis nicht mit sich reden, doch der Druck der US-Administration auf Jerusalem dürfte in nächster Zeit wachsen. Im November und Dezember 2006, nachdem in Washington die Baker-Kommission ihre Vorschläge für eine Befriedung des Nahen Ostens öffentlich gemacht hat, konnte man in den israelischen Medien beobachten, wie die Diskussion um die Frage, ob man nun mit Syrien verhandeln solle oder nicht, hochkochte. Immer mehr israelische Sicherheitsexperten sind davon überzeugt, dass Syrien der Schlüssel ist, um die Bedrohung durch eine Atommacht Iran zu verhindern. Israels Öffentlichkeit hat vor Syrien große Angst. Die Zeit, als die Syrer noch von den

Golanhöhen ungehindert auf israelische Dörfer und Städte rund um den See Genezareth schießen konnten, ist zwar lange vorbei, und die Mehrheit der Israelis hat diese Periode kaum noch in Erinnerung. Doch das kollektive Gedächtnis hat sich diese Gefahr fest eingeprägt und ignoriert die Möglichkeit mittels modernster Technologie und eines entsprechend abgesicherten Friedensabkommens, eine Rückkehr zum Status quo ante befürchten zu müssen. Dass die Verbindungen zwischen Syrien und Israel nach dem Abbruch der Friedensgespräche 2000 nicht völlig abgebrochen sind, zeigt der Libanon-Krieg im Juli 2006. Es heißt, die syrische und die israelische Armee hätten direkt miteinander geredet und vereinbart, jegliche Konfrontation zu vermeiden.

Bleibt also das Terror-Problem. Syrien ist nicht einfach nur ein »stiller Teilhaber« an Terroraktionen islamistischer Gruppen. Syrien war selbst an zahlreichen Attentaten beteiligt, nach zuverlässigen Aussagen des US-Außenministeriums gibt Syrien der Hizbollah eine »substanzielle Menge Hilfe in den Bereichen Finanzen, Ausbildung, Waffen, Explosivstoffen, Politik, Diplomatie und Organisation«. Iranische Waffen, die für die Hizbollah bestimmt sind, gelangen über Syrien in den Libanon. Und man darf nicht vergessen: Syrien lässt bis heute Angriffe der Hizbollah auf Israel zu, schürt so regionale Spannungen, ganz wie es Damaskus beliebt.

Seit den neunziger Jahren bietet Syrien Hamas-Führer Khaled Meshal in Damaskus Schutz und Sicherheit. Auch Ramadan Shallah, der Führer des Islamischen Jihad, Ahmed Jibril von der PFLP (Volksfront für die Befreiung Palästinas) und Nayef Hawatmeh von der DFLP (Demokratische Front für die Befreiung Palästinas) haben ihre Zentralen und Büros in Damaskus. Zwar schließt die syrische Regierung diese Büros in schöner Regelmäßigkeit, immer dann, wenn man vom Westen irgendetwas benötigt, doch die Radikalen dürfen im Land bleiben und in kürzester Zeit ihre Büros wiedereröffnen. Für Syrien ist die Beheimatung der Terrorgruppen ein wichtiges Element seiner Politik. Einerseits kann man deren Aktivitäten kontrollieren und beeinflussen, andererseits gibt es dem Regime die Möglichkeit, die Terrorgruppen als permanente Bedrohung moderater arabischer Staaten einzusetzen, um diese wenn nötig dazu zu zwingen, sich gemäß eigener Interessen zu verhalten.

Nicht nur der Westen muss sich also angesichts der nuklearen Bedrohung durch den Iran entscheiden, wie er mit Syrien umgehen will. Auch Bashar al-Assad wird irgendwann Farbe bekennen müssen. Von ihm wird ein deutliches Signal erwartet, wohin er sein Land zu führen gedenkt. Dazu aber müsste er mit einer alten syrischen Tradition brechen: Mit der Politik der Doppeldeutigkeit, die sich immer alle Möglichkeiten offen lässt.

Iran

Der Iran, den man bis 1935 allgemein nur Persien nannte, wurde 1979 die erste Islamische Republik in der muslimischen Welt. Konservative Kleriker um Ayatollah Khomeini stürzten die Monarchie, der letzte Schah musste ins Exil fliehen. Seit damals wird der Iran von einem theokratischen System regiert, in der das letzte politisch autoritative Wort ein religiöser Führer, ein Islamgelehrter hat. Seit der Islamischen Revolution haben sich die Beziehungen zwischen den USA und dem Iran massiv und konsequent verschlechtert. Denn am 4. November 1979 stürmten iranische Studenten die amerikanische Botschaft in Teheran und hielten sie bis zum 20. Januar 1981 besetzt. Ein von der amerikanischen Armee auf Befehl von Präsident Jimmy Carter ausgeführter Befreiungsversuch schlug jämmerlich fehl und führte zu einem massiven Imageverlust der USA einerseits, zu einem Triumph der Mullahs im eigenen Land andererseits.

Die Auseinandersetzungen zwischen beiden Staaten erlebten einen neuen Höhepunkt, als während des Ersten Golfkrieges zwischen dem Iran und dem Irak Saddam Husseins von 1980 bis 1988 die Kämpfe sich bis zum Persischen Golf ausdehnten, wo schließlich die US-Marine in Gefechte mit den iranischen Truppen geriet. Seit damals ist das Verhältnis zwischen den USA und dem Iran auf dem absoluten Tiefpunkt angelangt. US-Präsident George W. Bush erklärte den Iran zu einem der drei Staaten, die zur »Achse des Bösen« gehören.

Seit den Anfängen der Islamischen Revolution gilt der Iran

als wichtigster Finanzier des islamistischen Terrors, sowohl im Libanon wie auch im restlichen Teil der Welt. Die USA haben seitdem Wirtschaftssanktionen gegen das Land verhängt und die diplomatischen Beziehungen abgebrochen.

Der Iran ist ein schiitisch dominiertes Land. 89 Prozent der Bevölkerung sind Schiiten, nur 9 Prozent Sunniten. Anhänger des Zarathustra-Glaubens, Juden, Christen und Bahai machen lediglich 2 Prozent der Population aus.

Das politische System der Islamischen Republik hat an der Spitze den Obersten Rechtsgelehrten, der auch »Revolutionsführer« genannt wird. Seit 1989 ist dies Ayatollah Ali Chamenei, der das Amt von Ayatollah Ruhollah Khomeini übernommen hatte, dem eigentlichen Revolutionsführer von 1979. Er hat uneingeschränkte Macht. Er wird auf Lebenszeit gewählt, ist der Oberkommandierende der Streitkräfte, ernennt die obersten Richter (allesamt Geistliche) und kontrolliert auch die innere Sicherheit. Gewählt wird der Oberste Rechtsgelehrte von einem Expertenrat, der wiederum alle acht Jahre vom Volk gewählt wird. Die Kandidaten müssen jedoch vom sogenannten Wächterrat genehmigt werden. Dessen neue Amtszeit wird ausnahmsweise zehn Jahre dauern, weil man die Wahlen zum Expertenrat mit den Parlamentswahlen aus Kostengründen zusammenlegen will.

Die Verfassung sieht den Präsidenten, im Augenblick ist das Mahmud Ahmadinejad, als die höchste Autorität im Staate gleich nach dem Obersten Rechtsgelehrten vor. Er wird für vier Jahre gewählt. Der Präsident ist für die Umsetzung der Verfassung verantwortlich, ebenso für die Exekutivgewalt. Allerdings hat er keinen wirklichen Einfluss auf das Militär, auf Kriegserklärungen und Ähnliches. Das bleibt dem Obersten Rechtsgelehrten vorbehalten.

Das Parlament mit seinen 290 Sitzen wird alle vier Jahre gewählt. Es hat die auch in einer Demokratie üblichen Befugnisse. Doch die meisten Entscheidungen werden außerhalb des Parlaments getroffen von religiösen Gruppierungen wie dem Wächterrat. Insofern hat das Parlament eher abnickenden Charakter.

Nachdem die Islamische Revolution erfolgreich die Macht an sich gerissen hatte, entwickelte sich eine neue politische Elite im Land. Sie bestand überwiegend aus schiitischen Geistlichen und Technokraten, die zumeist aus dem Mittelstand hervorkamen. Das politische Programm, das sie entwickelten, hatte in erster Linie die kulturelle Umerziehung der Bevölkerung zum Ziel. Im Zentrum der Bemühungen stand die Ent-Säkularisierung des öffentlichen Lebens. Bis Ende der achtziger Jahre war es dieser »Elite« dagegen nicht gelungen, eine sinnvolle, vernünftige Umstrukturierung der iranischen Wirtschaft zu erreichen, ein Armutszeugnis angesichts der Tatsache, dass der Iran eines der größten Erdölvorkommen weltweit sein Eigen nennt! Es gab heftige Auseinandersetzungen, inwieweit sich die Regierung in Fragen der nationalen Ökonomie einmischen sollte; worauf man sich einigen konnte, war die Respektierung privaten Eigentums, das unter dem islamischen Gesetz geschützt ist.

Auf eine erste Probe wurde das neue Regime bereits im September 1980 gestellt. Saddam Hussein marschierte in die Öl-Provinz Khuzestan ein. Er tat dies mit Unterstützung der USA und anderer westlicher Staaten und mit Zustimmung Saudi-Arabiens, das eine Islamische Republik an seinen Grenzen fürchtete. Dieser Erste Golfkrieg wurde später als »längster konventioneller Krieg des 20. Jahrhunderts« bezeichnet. Mehr als eine Million Menschen wurden getötet, die Kosten beliefen sich auf ungefähr 2 Billionen US-Dollar.

Saddam Hussein führte den Krieg mit äußerster Brutalität. Ganze Städte und Dörfer wurden dem Erdboden gleichgemacht, die gesamte wirtschaftliche Infrastruktur Irans wurde massiv beschädigt, Wohnviertel in Großstädten in Schutt und Asche gelegt. Doch das war nicht genug. Saddam setzte auch chemische Waffen ein, in erster Linie gegen iranische Zivilisten und Soldaten, aber auch gegen sein eigenes Volk, gegen die irakischen Kurden.

Der politische Hintergrund für diesen Krieg war der Kampf um die Vorherrschaft am Persischen Golf, doch die Wurzeln dieser Feindseligkeiten reichen Hunderte von Jahren zurück. Denn schon seit der Antike gab es eine spannungsreiche Rivalität zwischen den verschiedenen Königreichen Mesopotamiens, was dem modernen Irak entspricht, und Persien.

Der Irak konnte sich nicht damit abfinden, dass die Provinz Khuzestan mit ihrem reichen Ölvorkommen in iranischer Hand war, da sie historisch als Teil des eigenen Landes angesehen wurde. Schon 1969 erklärte der damalige stellvertretende Ministerpräsident Iraks: »Iraks Disput mit Iran dreht sich nur um Arabistan (Khuzestan), das Teil irakischer Erde ist und vom Iran in Zeiten der Fremdherrschaft annektiert wurde.«

Einer der Faktoren, der zu den Feindseligkeiten zwischen den beiden Mächten beitrug, war der Streit um die Kontrolle der Schatt-el-Arab-Wasserstraße am Golf, eines wichtigen Kanals für die Ölexporte beider Länder. 1975 befürwortete der damalige US-Außenminister Henry Kissinger einen Angriff des persischen Schahs Mohammed Reza Pahlevi, der die Wasserstraße der irakischen Kontrolle entreißen wollte. Kurz danach unterzeichneten beide Staaten den Vertrag von Algier. Irak machte territoriale Zugeständnisse, die auch den Schatt-el-Arab betrafen, dafür wurde eine Normalisierung der Beziehungen zwischen Iran und Irak vereinbart.

Als Saddam den Golfkrieg rhetorisch einläutete, beschimpfte er die Iraner zunächst als Nicht-Muslime. Die Iraner wiederum hofften, dass sich die Schiiten im Irak, in Saudi-Arabien und Syrien gegen die sunnitischen Regierungen erheben würden. Irak seinerseits hoffte bei Kriegsbeginn auf die Unterstützung der sunnitischen Minderheit im Iran. Diese empfand jedoch vornehmlich nationalistisch und kämpfte in der iranischen Armee gegen den Aggressor aus Bagdad.

Irans Militär, das noch zu Schah-Zeiten, also vor der Islamischen Revolution, mit amerikanischen Waffen ausgerüstet worden war, erhielt während des Krieges zunächst von Libyen, Nordkorea, Syrien und China militärische Unterstützung. Ab 1985 begannen die USA unter Präsident Ronald Reagan an den Iran erneut Waffen zu verkaufen. Das geschah anfänglich über Israel, später dann auch direkt. Das dabei eingenommene Geld sollte für den Freikauf westlicher Geiseln im Libanon verwendet werden, in Wirklichkeit wurden damit die rechtsgerichteten Contras in Nicaragua für ihren Kampf gegen die sandinistische Regierung finanziert. Diese illegale Geldumleitung flog später auf und wurde in der amerikanischen Öffentlichkeit als Iran-Contra-Affäre bekannt.

War die irakische Armee anfänglich auf sowjetische Waffensysteme angewiesen, so belieferten die USA schließlich auch Saddam Hussein mit technologischem Know-how, um einen Sieg der iranischen Ayatollahs zu verhindern. Später sollte sich diese Unterstützung als Bumerang erweisen. Saddam Hussein richtete die amerikanischen Waffen gegen die US-Truppen, die 1991 Kuwait aus den Klauen des Diktators befreiten.

Der Erste Golfkrieg brachte die Regierung in Teheran, die gerade erst ein Jahr im Amt war, unter Druck. Sie musste für mehr als anderthalb Millionen Menschen aufkommen, die als Flüchtlinge im Land umherirrten. Nahrungsmittel mussten rationiert, die Waffenindustrie musste während des Krieges neu aufgebaut werden. Das Regime sah sich gezwungen, einen Großteil der Geldreserven, die aus den Öleinnahmen stammten, für die Kriegskosten flüssig zu machen.

Doch obwohl der Golfkrieg so verheerende Folgen für das Land hatte, für das Regime erwies er sich indirekt als Segen. Denn die Islamische Revolution war zu Beginn keineswegs unumstritten. Durch den Angriff des Irak stellte sich das ganze Land hinter seine Führer, die Ayatollahs konnten so ihre Machtpositionen ohne großen Widerstand festigen.

Damit aber konnten sie die Islamisierung der Gesellschaft ungehindert fortsetzen. Die Scharia, das Religionsgesetz, stand im Mittelpunkt ihrer Bemühungen. Die Moscheen wurden Orte politischer Debatten und Entwicklungen, da die schiitische Geistlichkeit die Gotteshäuser zu Zentren ihrer Macht umfunktionierten. Diese Entwicklung reichte bis in die entlegensten Provinzdörfer, wo der jeweilige Imam eine Art Provinzgouverneur wurde und sein »Reich« von der Moschee aus verwaltete und regierte. Die Moscheen waren nun nicht mehr nur traditionell Orte des Gebets, sondern sie wurden jetzt auch Anlaufstellen für soziale Belange. Staatliche Sozialprogramme wurden nicht mehr von Ministerien aus gelenkt und geleitet, sondern von den Gotteshäusern. Auf diese Weise kamen die Mullahs ihrem Ziel, die gesamte Gesellschaft zu re-islamisieren, immer näher. Schließlich wurde die Moschee noch zur höchsten Instanz für die Wahrung der öffentlichen Moral erhoben. Das Wort der Geistlichen hatte, vor allem im ländlichen Bereich, unumschränkte Macht.

Die Folgen: Die säkulare, westlich-orientierte Mittel- und Oberschicht aus der Zeit des Schahs stand nun unter dauerndem Beschuss der geistlichen und politischen Führung. Sie wurde eines »unmoralischen« Lebensstils bezichtigt und als unislamisch denunziert. Verfolgungen setzten ein, Regimekritiker wurden verhaftet und verschwanden in Gefängnissen. Diese westlich geprägten Schichten lehnten die vielen Gesetze ab, die allmählich die Aufhebung der individuellen Freiheiten zur Folge hatten. Sie wollten sich den neuen Kleiderordnungen nicht unterwerfen, die vorsahen, dass Frauen ab sofort nur noch verschleiert in der Öffentlichkeit erscheinen dürfen. Und natürlich lehnten sie auch das allgemeine Alkoholverbot ab. Die Verfolgung der gebildeten Schicht führte dazu, dass die Mo-

dernisierung der iranischen Gesellschaft zunehmend stag-
nierte. Viele Akademiker und Intellektuelle wurden gezwungen, Umerziehungsklassen zu besuchen, in denen ihnen die
wahre und richtige Lebensweise nach islamischen Regeln beigebracht wurde ...

Die Islamische Revolution hat das Verhältnis zwischen dem
Iran und der arabischen Welt zunehmend verschärft und pro-
blematisiert. Keine Frage, die Schia hat im Iran ihre radikalste
Ausdrucksform entwickelt. Die Konflikte, die sich daraus mit
der arabischen Welt ergaben, Auseinandersetzungen um Ölreserven, Land und Geld, sind nur vordergründig. Was den
Iran treibt, sich in die inneren Angelegenheiten der benachbarten arabischen, überwiegend sunnitischen Staaten einzumischen – und natürlich auch in den israelisch-arabischen
Konflikt –, ist die tiefe Überzeugung, man müsse die »Ungläubigen« bekämpfen, was auch den Westen und vor allem
die USA und Israel betrifft. Insofern sucht der Iran neue
Bündnispartner in der arabischen Welt, die sich in ihrer Ideologie ebenfalls radikalisieren. Damit gewinnt der Iran zunehmend an Macht und Einfluss, will aber auch dem Islam »neuen
Respekt« verschaffen.

In diesem Licht muss die strategische Allianz zwischen dem
Iran und Syrien begriffen werden. Zwei Staaten mit völlig unterschiedlichen Regierungs- und Glaubenssystemen haben
sich zu einer gemeinsamen Front von »Verweigerern« zu-
sammengefunden. Das mag auf den ersten Blick eigenartig erscheinen: Auf der einen Seite ein islamischer, schiitischer
Gottesstaat, auf der anderen ein sunnitischer, säkularer Na-
tionalstaat – wie kann das zusammengehen?

Die Verbindung beider Länder ist nun schon fast ein Vier-
teljahrhundert alt. Zunächst hatten Iran und Syrien ein ge-
meinsames außenpolitisches Interesse. Man wollte den gemeinsamen Nachbarn Irak, der sich unter der Diktatur Saddam
Husseins zu einer neuen Regionalmacht aufschwingen wollte,

in Schach halten. Mit der Zeit veränderten und weiteten sich die gemeinsamen Interessen der beiden Regimes aus. Iran unterstützte Syrien, den Libanon quasi wie ein Protektorat in seiner Gewalt zu halten, beide Staaten waren stets strikt gegen jegliche friedliche Annäherung von Palästinensern und Israelis, um so Israel dazu zu zwingen, die 1967 eroberten Golanhöhen an Syrien zurückzugeben. Und man war sich natürlich auch einig im Bemühen, den Terror im Irak nach der amerikanischen Invasion 2003 zu fördern, damit die Amerikaner nicht etwa auf die Idee kämen, ähnliche Unternehmungen in Syrien oder dem Iran zu wagen. So wird es auch verständlich, wieso beide Staaten gemeinsam sowohl die schiitische Hizbollah im Libanon wie die radikal-islamische Hamas in den Palästinensergebieten unterstützen.

Seit Mahmud Ahmadinejad zum neuen Präsidenten des Iran gewählt wurde, hat sich nicht nur der Ton gegenüber dem Westen und insbesondere gegenüber Israel verschärft. Im Inneren entwickelt sich derzeit eine neue Politik, die von den religiösen Lehren Ayatollah Yazaris beeinflusst wird. Yazari, der als engster Berater und Lehrer Ahmadinejads fungiert und in der heiligen Stadt Ghom lebt, ist überzeugt, dass alle Ungläubigen verfolgt werden müssen – und das schließt die sunnitischen Moslems mit ein. Beide, Yazari und Ahmadinejad, glauben an die Rückkehr des verborgenen zwölften Imams der Schia.

Dieser Glaube besagt, dass der Imam erst nach dem Krieg der Welten zurückkehren werde, nach Armageddon. Wie ernst es Ahmadinejad mit diesem Glauben nimmt, zeigt, dass er bereits eine Moschee bauen lässt, von der aus sich der Imam zeigen wird. Und er lässt eine Eisenbahnstrecke bauen, die den Imam schließlich nach Teheran bringen soll. Angesichts solcher Überzeugungen wirken die Versuche der westlichen Welt, Ahmadinejad irgendwie zur Vernunft zu bringen und sein Atomprogramm zu stoppen, lächerlich und banal. Der rationale Westen kann die Dimensionen, in denen ein religiös-fanatisierter Politiker denkt, nicht begreifen. Oder will sie nicht begreifen, weil die Konsequenzen, die man dann vielleicht ziehen müsste, von unabsehbarer Tragweite wären. Nur ein Mann könnte im Augenblick Ahmadinejad in seinen Bestrebungen aufhalten. Und das ist ausgerechnet der Oberste Rechtsgelehrte Ayatollah Chamenei, der im Glauben weniger irrational zu sein scheint und die Erlösungsvorstellungen von Yazari nicht teilt. Ihm liegt, nach Einschätzungen vieler Iranexperten, der Gedanke eines religiösen »Kreuzzuges« gegen die ungläubige Welt fern. Allerdings: Auch Chamenei will natürlich die »Islamische Revolution« weiter verbreiten. Er war deshalb nicht unglücklich, dass die liberaleren Kräfte innerhalb der islamischen Revolutionspolitiker bei den letzten Wahlen nicht zum Zuge kamen. Insofern war der Aufstieg des einstigen Bürgermeisters von Teheran zum Präsidenten auch für den Revolutionsführer erst einmal der richtige Schritt in die richtige Richtung.

Und man darf nicht vergessen, dass das Atomprogramm keine Erfindung des neuen Präsidenten ist. Seit vielen Jahren arbeiten die Iraner daran, und die Tatsache, dass sie nach der Zerstörung des einzigen Atomreaktors des Irak durch die israelische Luftwaffe im Jahre 1981 ihre Atomanlagen über das ganze Land verteilt und die sensibelsten Teile unterirdisch angelegt haben, lässt zumindest den Zweifel zu, ob die Iraner die Atomenergie wirklich nur zu friedlichen Zwecken nutzen wollen, wie sie immer wieder betonen. In wenigen Jahren, nach Einschätzung von Experten irgendwann zwischen 2007 und 2011, könnte der Iran eine Atombombe haben. Die iranische Bombe ist erst jetzt, nach den immer wiederkehrenden Prophezeiungen Ahmadinejads, das »zionistische Regime« werde nicht mehr allzu lange existieren, ins Zentrum des öffentlichen Bewusstseins gelangt.

Ahmadinejad geriet nämlich schlagartig ins Rampenlicht,

als er am 26. Oktober 2005 zum ersten Mal die Vernichtung Israels forderte. Zitiert wurde er weltweit mit der Formulierung, »Israel muss von der Landkarte getilgt werden«. Angeblich, wie es später hieß, habe er lediglich gesagt: »Das Regime, das Jerusalem besetzt hält, muss aus den Geschichtsbüchern eliminiert werden.« Aber gleichgültig welche Formulierung nun die richtige sein mag. Am Kern der Aussage lässt selbst der iranische Präsident keinen Zweifel zu, er wiederholt regelmäßig wie ein Mantra die bevorstehende Vernichtung des jüdischen Staates. Kein Wunder, dass Israel alles unternehmen will und wird, um die iranische Bombe zu verhindern.

Ist der iranische Präsident also verrückt? Es gibt viele Vermutungen, was seinen Gemütszustand angeht, und »Ferndiagnosen« bescheinigen ihm eine instabile Psyche. Dass der Mann zumindest unberechenbar ist, lässt sich an zwei Entscheidungen jüngeren Datums ablesen: Er ordnete am islamischen Feiertag Id-al-Fitr an, dass das Fest nicht nur einen Tag, wie sonst üblich, sondern vier Tage dauere. Und nur einen Tag, bevor die Sommerzeit in Kraft treten sollte, befahl er, diese komplett auszusetzen. Die Befürchtung, der Mann könnte auf den Knopf drücken, falls der Iran eines Tages die Bombe haben sollte, um den »Krieg der Welten« auszulösen, ist nicht ganz von der Hand zu weisen, selbst wenn der Präsident der Verfassung nach gar nicht derjenige ist, der diese Entscheidung fällen kann.

Dabei hatten Israel und der Iran noch zu den Zeiten des Schahs beste militärische und wirtschaftliche Beziehungen. Die jüdisch-persische Diaspora gilt als erste und älteste in der Geschichte des jüdischen Volkes. Die Beziehungen zwischen Juden und Muslimen in Persien waren stets freundschaftlich und unproblematisch, die jüdische Bevölkerung wuchs und trug wesentlich zum wirtschaftlichen und kulturellen Aufschwung des Landes bei. Israel war im Iran quasi der Stellvertreter der USA. Zu Schahzeiten bildeten Israelis die iranische Armee aus, belieferten sie mit Waffen. Der Iran und die Türkei waren stets »natürliche« Verbündete Israels in der Region. Beide Staaten sind zwar muslimisch, aber keine Araber. Insofern gab es (und gibt es heute noch zumindest für die Türkei) gemeinsame Interessen mit Israel gegenüber der arabischen Übermacht. Was den Iran betrifft, so hat sich die Lage grundlegend gewandelt. Wenn man die Drohungen Ahmadinejads ernst nimmt, dann droht Israel und dem jüdischen Volk nicht nur ein zweiter Holocaust. Dann könnte die iranische Bombe zum Auslöser einer Katastrophe werden, die die ganze Welt mit hineinziehen wird. Und das alles nur, um den 12. Imam zurückzuholen? Aus westlicher Sicht scheint das Irrsinn zu sein.

Sunniten versus Schiiten

Der Islam ist ebensowenig wie jede andere Glaubensgemeinschaft eine monolithische Religion. Es sind vor allem zwei Denominationen, die den islamischen Glauben prägen: Sunniten und Schiiten. Die Sunniten stellen in der islamischen Welt die Mehrheit. Beide Gruppen sind sich nicht besonders herzlich zugetan, um es vorsichtig auszudrücken.

Der Begriff »Sunniten« oder »Sunnis« leitet sich von Ahl ul-Sunna ab, was so viel wie »Volk der Tradition« bedeutet. Sunna bezieht sich auf die Tradition des Propheten.

Der schiitische Islam, kurz auch Schia genannt, ist die zweitgrößte muslimische Gemeinschaft. Die Schiiten haben ihren Ursprung in der Auseinandersetzung um die Nachfolge des Propheten Muhammad nach dessen Tod im Jahr 632 n. Chr. Die Mehrheit der Muslime verständigte sich darauf, einen Nachfolger zu wählen, der sowohl die religiöse als auch die politische Führung übernehmen sollte, einen Kalifen. Der Kalif hat jedoch keinerlei göttlich autorisierte Legitimität. Eine Minderheit lehnte diese Entscheidung allerdings ab und war überzeugt, Gott selbst werde den rechtmäßigen Nachfolger auswählen. Daher betrachten die Schiiten den Schwiegersohn des Propheten, Ali ibn Abi Talib, als rechtmäßigen Nachfolger. Sie bezogen sich dabei auf den Koranvers »Von seiner Partei ist auch Abraham« aus der 37. Sure. Daraus leiteten sie die Ansicht ab, der Nachfolger Muhammads müsse aus dessen Familie stammen. Der Name »Schia«, eigentlich: »Schiat Ali« bedeutet »Partei Alis«. Doch der Nachfolger des Propheten wurde Abu Bakr, der Vater von Muhammads Lieblingsfrau. Er wurde der erste Kalif.

Die Auseinandersetzungen zwischen den Anhängern Alis und der Mehrheit der Muslime wurde noch verschärft, als nach Abu Bakrs zweijähriger Amtszeit Ali erneut nicht gewählt wurde. Es mussten erst noch drei weitere Kalifen herrschen, ehe Ali 656 n. Chr. in der Moschee von Medina zum Kalifen ausgerufen wurde. Doch er wurde nicht allgemein anerkannt und musste sich aus Medina nach Kufa, einer Stadt im heutigen Irak, zurückziehen, wo er nur fünf Jahre nach seiner Proklamation zum Kalifen ermordet wurde. Für die Schiiten ist er damit der erste Märtyrer. Damit endeten die Auseinandersetzungen zwischen Sunniten und Schiiten jedoch keineswegs. Immer wieder wurde die Nachfolge des Propheten Anlass zu neuen Konfrontationen.

Die Nachkommen Alis betrachteten sich als rechtmäßige Erben Muhammads, und Alis zweiter Sohn Hussein führte gegen die Armee des Kalifen Yazid Krieg. Er wurde schließlich im Oktober 680 bei Kerbela ermordet. Damit war der politische Machtkampf entschieden, die Schiiten waren gescheitert.

Die Spaltung der Muslime, die auf diesem Zwist zwischen Sunniten und Schiiten beruht, hat im Grunde keine echten religiösen Wurzeln. Es gibt zwar einige Unterschiede in der Auslegung von Details einiger islamischer Gesetze, also in der Auslegung einiger weniger Worte des Koran oder der Worte des Propheten Muhammad. Daraus sind verschiedene Lehrgebäude entstanden, verschiedene Denkschulen. Doch der Zwist ist eindeutig politischer Natur. Schiiten leben heute als Mehrheit vor allem im Irak, wo sie rund 60 Prozent der Bevölkerung stellen, in Azerbeidschan (75 Prozent) und schließlich im Iran mit 90 Prozent.

Im späten 20. Jahrhundert, nach dem Zweiten Weltkrieg und dem endgültigen Ende des Einflusses der europäischen

Kolonialmächte, erfuhr der Islam endlich wieder politische Unabhängigkeit in der gesamten arabischen Welt, im Iran, in der Türkei (nach Kemal Atatürk) und in Teilen Asiens. Es entstanden unabhängige Staaten mit einem gänzlich oder zumindest überwiegend säkularen politischen System. In den sechziger Jahren des letzten Jahrhunderts waren die arabischen Staaten vor allem von einer panarabischen Ideologie geprägt. Ziel war, einen sozialistischen, nicht-religiösen Einheitsstaat zu schaffen, dessen Fundament der arabische Nationalismus sein sollte, nicht der Islam. Natürlich gab es Kritiker des Panarabismus. Sie forderten ein politisches System, das auf dem islamischen Religionsgesetz basiert. Denn, so argumentierten die Befürworter dieser Idee, der Islam ist per definitionem eine politische Religion, die Regeln und Gesetze des Koran und der Hadiths als Auftrag zu verstehen, eine islamische Regierungsverwaltung auf der Basis der Scharia, des Religionsgesetzes, aufzubauen. Die Befürworter einer solchen islamischen Theokratie gründeten 1928 in Ägypten die sogenannte »Muslimbruderschaft«, eine sunnitische Bewegung, die sich rasch in der gesamten arabischen Welt ausbreitete und in den maghrebinischen Staaten heute ebenfalls präsent ist. Die Muslimbruderschaft, ein militanter Gegner jeglicher Form des islamischen Nationalismus, hat allen arabischen Regierungen den Kampf erklärt – mit Ausnahme der Regierungen von Saudi-Arabien und Katar, die jeweils von Familien beherrscht werden, die sich zum Wahabismus bekennen, einer fundamentalistischen Form des Islam.

Es mag als Ironie des Schicksals verstanden werden, dass die erste Islamische Republik nicht von der sunnitischen Muslimbruderschaft ausgerufen wurde, sondern ausgerechnet von schiitischen Geistlichen unter der Führung des Ayatollah Khomeini im Iran. Dabei unterscheidet sich diese Regierung, die 1979 die Macht durch eine Revolution gegen den persischen Schah übernahm, von den Muslimbrüdern weniger im religiösen als vielmehr im politischen Denken. Khomeini bestand darauf, dass die religiösen Führer die Regierung stellten, und lehnte im Gegensatz zu den Muslimbrüdern eine Rückkehr zum Kalifat ab.

Die Islamische Revolution im Iran war in der muslimischen Welt zunächst eher eine Überraschung. Doch bald erwies sie sich als Bedrohung, denn sie gefährdete zunehmend die Regime in den benachbarten Ländern, wie zum Beispiel im Irak. Der Einfluss des Iran reicht heute nach dem Irak-Krieg 2003 tief in den Nachbarstaat hinein und auch im Libanon, wo es einen großen schiitischen Bevölkerungsanteil gibt, wächst Teherans Bedeutung. In beiden Ländern gewinnen die politischen Bewegungen, die die Schiiten vertreten, immer größere Macht und bedrohen damit die innere Stabilität der Länder. Seit dem Libanon-Krieg im Sommer 2006 hat das iranische Regime auf der (sunnitischen) »arabischen Straße« zusätzliche Popularität gewonnen, da es die Hizbollah massiv gegen Israel unterstützte. Die Hasstiraden des iranischen Präsidenten Ahmadinejad gegen die USA kommen ebenfalls gut an, der Trotz, ein eigenes Nuklearprogramm gegen den Willen der gesamten Welt durchsetzen zu wollen und vor allem die wiederholten Äußerungen des Präsidenten, der Iran werde Israel vernichten, sind Balsam für die Seelen der Muslime, egal ob Sunnis oder Schiiten, die sich bis heute zwar als überlegene, aber eben doch unterlegene, unterdrückte und vom Westen geschundene Kultur verstehen.

Im Irak stellen die Schiiten die Mehrheit gegenüber den Sunniten im Verhältnis zwei zu eins. Während die Sunniten weltweit etwa 80 Prozent der muslimischen Gemeinschaft stellen, machen sie im Irak gerade mal nur 35 Prozent der dortigen Bevölkerung aus, davon sind etwa 15 Prozent Araber und 20 Prozent Kurden.

Doch seitdem der Westen im Jahr 1921 den Irak geschaffen hat, lag die Macht stets in den Händen der Sunniten. Die schiitische Gemeinschaft im Irak hat sich bis dato nie hinter dem Banner der Schia vereint. Es gibt zwar starke kulturelle und familiäre Verbindungen zwischen irakischen und iranischen Schiiten, dennoch sind die arabische Identität (im Gegensatz zur iranisch-persischen) und nationale Gefühle gewichtige Faktoren, die die schiitische Gemeinde des Irak bis heute prägen. Was man mit den Schiiten des Iran teilt, ist die Praxis, die Schreine der Imame im Iran und im Irak zu besuchen. Dazu gehören das Grab des Imam Ali im irakischen Nadschaf ebenso wie das Grab seines Sohnes Imam Hussein in Kerbela. Beide werden als Märtyrer verehrt.

Nach der amerikanischen Invasion 2003 spielte Großayatollah Hussein Sistani als Führer der schiitischen Gemeinde im Irak eine wichtige politische Rolle. Im Westen wurde er als einflussreichste Persönlichkeit der Nach-Saddam-Ära angesehen. Er hatte wesentlichen Anteil an dem raschen Sieg der alliierten Truppen. Kurz vor Kriegsbeginn erließ er als geistliches Oberhaupt der schiitischen Gemeinschaft eine Fatwa, dass man den amerikanischen und britischen Truppen keinen Widerstand leisten solle.

Nur drei Jahre später, im September 2006, kündigte Sistani jedoch an, dass es ihm nicht länger möglich sei, seine Anhänger im Zaum zu halten. Ein Eingeständnis, dass auch er den beginnenden Bürgerkrieg zwischen Sunniten und Schiiten nicht länger aufhalten kann, dass der Irak zunehmend ins Chaos abrutscht. Sistani erklärte, er werde von nun an nur noch in religiösen Fragen Anweisungen geben und sich aus der Politik heraushalten.

Damit hat Sistani quasi seine Macht an Muktada al-Sadr abgegeben, der jahrzehntelang dem Großayatollah treu ergeben war und als Führer einer unabhängigen Miliz, die sich die »Armee des Mahdi« nennt, großen Einfluss ausübt. Diese Miliz verstrickte die westlichen Koalitionstruppen in blutige Kämpfe. Im Augenblick herrscht zwischen der Mahdi-Armee und den westlichen Truppen ein de facto Waffenstillstand, wenngleich al-Sadr den Iran in seiner Haltung gegenüber dem Westen ausdrücklich unterstützt. Immerhin – einige seiner Anhänger sind Teil der von den Amerikanern geschaffenen und unterstützten irakischen Regierung.

Es gibt im Irak keine einheitliche sunnitische Identität. Der sunnitische Islam ist zersplittert in vielerlei Ideologien und Glaubensausrichtungen, manchmal spielt die Religion keine Rolle. Was die irakischen Sunniten eint, ist die ethnische Identität. Sie ist die Wurzel der sozialen Einheit. Und wenn es Zwistigkeiten gibt, Differenzen oder gar Feindseligkeiten, so ist der Grund dafür in sozialen Spannungen zu finden und nicht etwa in religiösen.

Die sunnitische Bevölkerung lebt vor allem in den Tälern des Euphrat oberhalb von Bagdad und entlang des Tigris zwischen Bagdad und Mossul. Da die Sunniten seit Staatsgründung immer an der Macht waren, verstehen sie sich bis heute als Elite des Landes. Im Laufe der Jahrzehnte entwickelten sie ein System sozialer Verbindungen, das natürlich nicht immer frei von Korruption war: eine Vetternwirtschaft, die ausschließlich der sunnitischen Bevölkerung des Landes zugute kam. Früh schon wurde das Fundament der sunnitischen Macht im Irak gelegt, denn die Kolonialmächte bedienten sich bei der Schaffung des modernen Irak lediglich bereits vorhandener Strukturen. Die sunnitischen Muslime sind eng mit der arabischen Kultur verbunden, die ihren Ursprung auf der arabischen Halbinsel hat und auch im Norden des heutigen Irak zu Hause war. Die Sunniten begreifen sich als Erben des sogenannten Goldenen Zeitalters der arabisch-islamischen Zivilisation. Das (sunnitische) Osmanische Reich, das den Irak seit dem 16. Jahrhundert bis zum Ersten Weltkrieg kontrollierte, betrachtete das Land als Bollwerk gegen die Ausbreitung des persisch-schiitischen Machteinflusses. Kein Wunder, dass die Sunnis ohne Schwierigkeiten die politische

Macht im Irak des 20. Jahrhunderts monopolisieren konnten. Sie konnten sich auf eine lange Herrschaftstradition im Verwaltungsbereich und im Militär stützen. Ebenso alt wie die sunnitische Herrschaft sind aber auch die Spannungen mit der schiitischen Mehrheit. Doch noch einmal: Dabei spielt die Religion keine wesentliche Rolle. Es ging und geht stets um die politische und wirtschaftliche Machtverteilung. Der Irak war seit seiner Gründung 1921 im wesentlichen säkular. Die Regierung kontrollierte die religiösen Einrichtungen und den Religionsunterricht, betonte das gemeinsame islamische kulturelle Erbe und setzte auf ein irakisches Nationalgefühl, das zwar islamisch geprägt, aber nicht vom Glauben bestimmt war.

1968, nach dem sogenannten Zweiten Putsch der (säkularen) Baath-Partei, blieb der Islam offizielle Staatsreligion, doch mit der Zeit entwickelte die sunnitische Führung (zu der schon damals Saddam Hussein gehörte) ein Weltbild, das den Islam als politische und soziale Kraft verstand. Dennoch blieb der sunnitische Islam ein wichtiger Bestandteil der eigenen Identität, vor allem nach der Islamischen Revolution 1979 in Teheran und dem darauf folgenden Ersten Golfkrieg zwischen den beiden Staaten. Als Konsequenz ließ Saddam Hussein schiitische Führer verfolgen und einsperren, sie wurden ermordet oder verschwanden einfach. Schiitische Moscheen wurden geschlossen. Doch auch sunnitische Imame mussten unter der Herrschaft Saddams in Deckung gehen. Der Diktator achtete sehr darauf, dass auch die Sunnis keine religiösen Führer hervorbrachten, die seinem Regime gefährlich werden konnten. Erst nach seinem Sturz 2003 gewann die Geistlichkeit beider Denominationen im Irak wieder zunehmend an Bedeutung und Einfluss. Unter Saddams Herrschaft hatten weder radikale, fundamentalistische islamische Bewegungen eine Chance noch der Wahabismus, wie er im benachbarten Saudi-Arabien zu Hause ist. Kritiker der amerikanischen Invasion beschuldigen daher heute US-Präsident George W. Bush, daß er mit seinem Krieg gegen den Irak, seinem »Krieg gegen den Terror«, das Kind mit dem Bade ausschüttete. Denn heute ist das zerstörte, anarchische und vom Bürgerkrieg zunehmend zerrüttete Land eine Brutstätte für alle möglichen radikalen islamischen Gruppen. Sogar Al-Kaida hat inzwischen im Irak Fuß gefasst. Der islamistische Terror hat ein neues Zuhause gefunden.

Während der Graben zwischen Sunniten und Schiiten im Irak nach Saddam immer tiefer wird, bemüht sich die neu geschaffene Einheitsregierung verzweifelt darum, einen Ausgleich herzustellen und alle Bevölkerungsgruppen an der Macht teilhaben zu lassen. Die Regierung wird Anfang 2007 von dem Schiiten Nuri Al-Maliki geführt, dem zweiten Mann der Dawa-Partei, die als radikale Schiitenpartei gegen Saddam kämpfte. Al-Maliki hat sich als Ministerpräsident öffentlich verpflichtet, alle Milizen zu zerschlagen. Er bezeichnet sie als »organisierte bewaffnete Gruppen, die jenseits der staatlichen Gewalt, jenseits des Gesetzes agieren«. Doch wenn er erfolgreich sein will, wird er nicht umhinkommen, extremistische sunnitische Gruppierungen in die Einheitsregierung zu integrieren. Den sunnitischen Splittergruppen, die überall im Land für Unruhe sorgen, ist es gelungen, ihrer Klientel die Gefahr einer schiitischen Dominanz in schwärzesten Farben zu präsentieren. Und nicht ganz zu Unrecht. Viele Schiiten wollen sich für die Unterdrückung in der Zeit des Sunniten-Regimes von Saddam Hussein rächen und so manche schiitische Miliz hat in jüngster Vergangenheit einen Feuereifer in Sachen Selbstjustiz an den Tag gelegt. Dennoch geht die Gefahr eines Bürgerkriegs immer noch mehr von sunnitischen Untergrundgruppen aus, oftmals Anhänger des inzwischen gehängten Saddam Hussein. Ganz bewusst wollen sie mit ihren Terroranschlägen, die die Okkupationstruppen ebenso treffen wie die Zivilbevölkerung, einen Bürgerkrieg schüren, um die ausländischen Soldaten aus dem Land zu treiben und damit eine Chance zu bekommen, die Macht wieder an sich zu reißen. So wurde etwa im Februar 2006 die Goldene Samara-Moschee, ein heiliger Schrein der Schiiten, Opfer eines brutalen Bombenattentats. Solche Anschläge zeigen, dass im irakischen Bürgerkrieg längst alle Hemmungen gefallen sind, es gibt keine Tabus mehr, selbst uralte Heiligtümer sind inzwischen Ziel von Attentaten, weil die Attentäter genau wissen, welche Folgereaktionen solche Aktionen auslösen.

Heute, zu Beginn des Jahres 2007, kann man sagen, dass die politische Spaltung zwischen Sunniten und Schiiten einen wesentlichen Aspekt des Nahostkonflikts ausmacht. Der wachsende Einfluss des schiitischen Iran ist nicht nur für Israel eine massive Bedrohung, sondern auch für die politisch gemäßigten sunnitischen Staaten wie Ägypten, Jordanien, Saudi-Arabien und andere. Was die muslimische Welt offiziell zusammenhält, ist der gemeinsame Hass gegen Israel. Doch während des Libanon-Krieges, als Israels Armee erfolglos versuchte, die vom Iran unterstützte Hizbollah im Libanon zu zerstören, konnte man beobachten, wie sacht und schwach die Kritik jener Staaten gegen die israelische »Aggression« war. Nicht nur die USA, auch diese muslimischen Länder hofften natürlich, dass Israels Feldzug erfolgreich ausgehen werde. Insofern hat sich zwischen Israel und den moderaten sunnitischen Staaten längst eine stille Allianz gebildet. Und man darf davon ausgehen, dass zwischen den gemäßigten Sunni-Staaten und Israel Gespräche geführt werden, wie man mit der gemeinsamen Bedrohung durch eine mögliche iranische Atombombe umgehen soll. Insofern profitiert Israel von den Zwistigkeiten zwischen den beiden islamischen Denominationen. Der tiefe Graben zwischen ihnen könnte mit zum Überleben des jüdischen Staates in der Region beitragen.

Register

Abbas, Mahmud **37**, 121, 135 f.
Abd al-Aziz 24
Abdallah, König von Jordanien 127
»Achse des Bösen« 28, 79, 174, 179,
»Aelia Capitolina« (Jerusalem) 106
Afghanistan 33
Ägypten 69 f., **118–125**, 168
Ahmadinejad, Mahmud 41 f., 53, **180 ff.**
Akadma, Ibrahim 145
Al-Aksa-Brigaden 133 f.
Al-Aksa-Intifada 63, s. auch Intifada, Zweite
Al-Aksa-Moschee 53
Al-Banna, Hasan 141
Al-Da'wa 158
Al-Kaida 28 f., **31 ff.**, 124, 166, 198
Al-Kassam, Izz ad Din 146
Al-Maliki, Nuri 198
Al-Sadr, Muktada 195 f.
Algerienabkommen 26
Ali, Imam 195
Allon, Yiga 146
Amal-Miliz 156 ff.

American Enterprise Institute (AEI) 34
Amichai, Yehuda 105
Annan, Kofi 93, 100, 102
Anti-Amerikanismus 41
Antisemitismus 40, 88
Arabische Liga (AL) 23, 119 f., 136
Arabistan 182, s. auch Khuzestan
Arafat, Jassir 17, 38, 55, 65, 73 f., **129 ff.**, **140 f.**, **144 ff.**
Arbeitspartei 17, 44 f., 64
Argentinien 165
Armageddon 186
»Arrow« (Raketen-Abwehrsystem) 73
Ashkenazi, Gabi 15
Assad-Regime 37
Assad, Bashar al- **172 ff.**, 177
Assad, Hafez al- 161, **170 f.**
»Association Agreements« 83
»Asymmetrischer« Krieg 33
Atombombe 11
Atomprogramm (Irak) 27
Atomprogramm (Iran) 41 f., 186 f., 194
Azam Azam 124

201

»Scholl-Latours historisch fundierte, aktuelle Reportagen zeugen von einem geschärften Blick für Details.«
n-tv

Der Anti-Terror-Kampf der Bush-Regierung droht in einen Weltkonflikt ungeahnten Ausmaßes zu münden. Die islamische Welt vom Mittelmeer bis zum indonesischen Archipel ist in Aufruhr. Die Proliferation von Massenvernichtungswaffen entzieht sich jeder Kontrolle. Die USA verzetteln sich heillos in Regionalkonflikten. Das Atlantische Bündnis zeigt Risse, während sich China als Weltmacht zurückmeldet. Mit visionärer Kraft analysiert Peter Scholl-Latour die beispiellosen bedrohlichen Szenarien und Herausforderungen, denen sich die westliche Staatengemeinschaft gegenübersieht.

**Kampf dem Terror –
Kampf dem Islam?**
Chronik eines unbegrenzten Krieges
ISBN 978-3-548-36679-1